AF431109

* 9 7 8 9 9 4 8 7 9 9 2 9 0 *

التخييل في الشعر العربي المعاصر

عبدالرحيم وهابي

التخييل في الشعر العربي المعاصر

مقاربة في خطاب النقد وخطاب الشعر

إصدارات دائرة الثقافة، حكومة الشارقة 2023 م

الناشر: دائرة الثقافة ـ حكومة الشارقة ـ الإمارات العربية المتحدة

الهاتف: 5123333 6 971+

البرَّاق: 5123303 6 971+

الموقع الإليكتروني: www.sdc.gov.ae

البريد الإليكتروني: sdc@sdc.gov.ae

811.00915

و ع . أ

وهابي، عبدالرحيم

التخييل في الشعر العربي المعاصر ــ مقاربة في خطاب النقد وخطاب الشعر / عبدالرحيم وهابي

.ـ الشارقة، الإمارات العربية المتحدة : دائرة الثقافة، 2023.

168 ص؛ 21X14 سم.

البحث الفائز بالمركز الثالث بجائزة الشارقة لنقد الشعر العربي، الدورة الثانية، 2022.

1 ــ الشعر العربي ــ تاريخ ونقد ــ العصر الحديث

2 ــ الخيال في الشعر العربي

3 ــ التخييلية (فلسفة)

أ ــ العنوان

ب ــ جائزة الشارقة لنقد الشعر العربي (2 :2022)

ISBN: 9789948799290

«إن الغياب التام لدراسة رصينة حول التخييل في النظريات الأكثر تأثيراً حول المعنى والعقلانية، يعد من أعراض مشكلة عميقة في دراساتنا الحالية للمعرفة الإنسانية».

Mark johnson. The Bodily in the Mind. p. IX

«يخذلنا الشعراء، أو نخذلهم، إذا كنا لا نجد أنفسنا قد تغيرنا بعد قراءة شعرهم... كم من الشعراء المعاصرين لهم القدرة على إيجاد هذه التغيرات العميقة فينا؟».

(رتشاردز، العلم والشعر، ص 51)

«كم تخَيَّلتُ أنِّي

أتأرجحُ في عنُقِ الموتِ،

لكنَّ عُنُقَ التخيُّل،

كان كمثلِ الأمومةِ

يجذبُ رأسي إليه».

(أدونيس، الكتاب المكان أمس الآن، ج2، ص 682)

مقدمة

التخييل والنسق مفهومان متلازمان في دراسة كل عمل شعري، فقوام الشعر هو التخييل، الذي يميزه عن باقي أشكال الخطاب، خاصة الخطابة، التي كثيراً ما تمت مقارنتها بالشعر من حيث قيامها على التصديق في مقابل التخييل الشعري؛ حيث ظلا معاً (التخييل الشعري، والإقناع الخطابي)، يقتسمان أرض البلاغة، منذ أرسطو إلى اليوم[1].

على أن أية دراسة للتخييل الشعري خارج مفهوم النسق، أي خارج البنية الكلية للنص والخطاب، لن تكون إلا دراسة جزئية منعزلة، لا يمكن الوثوق بنتائجها؛ حيث يمثل النسق معياراً يُبرز مدى قابلية أية دراسة شعرية لتعميم مبادئها من قصيدة إلى قصائد أخرى، ومن ديوان إلى دواوين أخرى، ومن تجربة شعرية إلى تجارب أخرى.

وهكذا بيّنا في المدخل النظري من هذه الدراسة، كيف ظل البحث عن الأنساق في دراسة التخييل الشعري، هاجساً مؤرقاً لدى البلاغيين والنقاد من أرسطو إلى اليوم. فمع أرسطو بدأ الاهتمام بالقصيدة

التراجيدية في نسقيتها، من خلال ربط عناصرها بتركيب الأفعال، أو بالحكاية، التي تؤول إليها مفاهيم: الحبكة، والعقدة، والحل، والتحول والتعرف، والتطهير...إلخ.

على أن الإشكال يبدأ عندما ننتقل من القصيدة التراجيدية، إلى القصيدة الغنائية، التي أقصاها أرسطو من نظريته الشعرية، مقتصراً على: التراجيديا والملحمة؛ وذلك بالنظر إلى الطابع التجزيئي الذي يرتبط بالشعر الغنائي. ولعل هذا ما جعل البلاغة العربية القديمة، في مجملها، تنأى عن النظر إلى الشعر من خلال وحدة عناصره، ومن خلال وحدة القصيدة، مسايرة في ذلك حركية الشعر القديم نفسه الذي كان يتأسس على استقلالية الأبيات، وتعدد الأغراض.

لا غرابة أن يكون البلاغيون الذين راموا تأسيس رؤية نسقية للشعر، هم الذين تأثروا بأرسطو، بدءاً بالفلاسفة المسلمين الذين نقلوا مفاهيم الشعر الدرامي إلى القصيدة العربية الغنائية، خاصة تحويل مفهوم المحاكاة إلى التشبيه والاستعارة، ومروراً بعبد القاهر الجرجاني الذي كان أول من بسط نظرية بلاغية في التخييل الشعري، من خلال كتابيه «أسـرار البلاغة»، و«دلائـل الإعجاز»؛ حيث تولى الكتاب الأول، بسط معاني التخييل الشعري، وأبعاده الفكرية والفلسفية، وتولى الكتاب الثاني ربط عناصر التخييل بنسق الخطاب من خلال نظريته حول النظم، وانتهاء بحازم القرطاجني، الذي وسع مفهوم التخييل، ليشمل سائر العناصر الشعرية؛ أي (اللفظ، والمعنى، والنظم، والأسلوب).

ومع الأشعار الحديثة، سيتعزز المنحى النسقي في دراسة

التخييل، وقد تناولنا في هذا الصدد ثلاث محطات شعرية كبرى، رأينا أنها كانت موجّهة للنقد الشعري العربي المعاصر: المحطة الأولى هي التي جسّدتها نظرية الانزياح لجان كوهن، التي قاربت التخييل الشعري من منظور أسلوبي/ لساني، يشمل، النظم، والمعنى، والتركيب، والمحطة الثانية هي التي مثلتها نظرية التوازي على يد ياكبسون وليفن وغيرهما، والتي جاءت مستجيبة للتطور الذي عرفه الشعر، بعد أن تخلص من المعايير العروضية التقليدية؛ ولمفهوم النسق من حيث العلاقات التي يخلقها التوازي مع باقي مقومات القصيدة: صوتاً، ومعجماً، وتركيباً، ودلالة.

أما المحطة الثالثة، فمثلتها نظرية الاستعارة في الفكر الحديث، والتي رسخت مفهوم النسق، وهي تبحث في الأنساق الاستعارية التي توحد الخطابات، وتمثل ذلك في النظرية التفاعلية مع رتشاردز وريكور، وفي النظرية المعرفية مع لايكوف وجونسون؛ حيث توسعت دائرة الاستعارة، لتشمل مختلف أشكال الخطاب الإنساني، وفق رؤية نسقية، جسّدتها مقولاتها المركزية من قبيل (الأطر والمدونات والمقولات...إلخ).

بعد هذا المدخل النظري، الذي أبرزنا فيه أهم النظريات الشعرية والبلاغية التي شكلت مرجعية النقاد المعاصرين، انتقلنا في الفصل الأول إلى فحص المدونة النقدية العربية، التي قاربت الشعر المعاصر، من خمسينات القرن الماضي إلى اليوم، وقد سجلنا، بصدد هذه المدونة النقدية وعبر امتداد هذا الفصل، ملاحظتين أساسيتين:

أولهما: أن هذه الدراسات النقدية، ظلت تطور مناهجها ومقارباتها

النقدية، مسايرة حركية الشعر المعاصر؛ ذلك أن نزوع الشعراء الدائب لتحطيم الأوزان الخليلية؛ بل وأوزان التفعيلة أيضاً، كما سيتبلور مع قصيدة النثر، قد فرض على النقاد تبني مفاهيم مرنة وموسعة للإيقاع، منها ما ظل صامداً، وأثبت صلاحيته لمقاربة مختلف أنواع الشعر المعاصر، كنظرية التوازي والازدواج، ومنها ما لم يتمكن من الصمود، وظل مجرد أفكار جديدة، محدودة التطبيق، فلم ترق إلى مستوى تحليل الإنتاج الشعري في تنوعه وتطوره؛ وذلك من قبيل نظرية النبر، التي بدأت منذ خمسينات القرن الماضي، لكنها ظلت تحتاج إلى جهود كثيرة، لتطويع العربية، وتطويع الأوزان، لملاءمة النبر على غرار لغات أخرى، ومن ثمة ماتت نظرية النبر في مهدها. ولم يتردد بعض النقاد تحت تأثير التجديد الشعري في ربط الإيقاع بنفسية الشاعر وعواطفه، مما نعدّه جنوحاً نحو تصور إيقاعي منفلت، لا يمكن البرهنة عليه، انطلاقاً من مؤشرات نصية أو أسلوبية.

وكما طور النقاد الإيقاع، لملاءمة حركة التطور التي شهدها الشعر العربي المعاصر، عملوا على تطوير الصورة الشعرية، التي غدت مستوعبة للرمز والأسطورة، إضافة إلى أصولها البلاغية القديمة، المتمثلة في (الاستعارة والتشبيه والكناية)، وهو ما ساعد على مقاربة النصوص الشعرية في ضوء الرؤيا العامة للتجربة الشعرية. وتحت هاجس القبض على مقومات الوحدة العضوية التي نزع إليها الشعر المعاصر، انفتحت الدراسات النقدية في الآونة الأخيرة على نظرية الاستعارة المعرفية، باحثة في الأنساق الكبرى التي تنظر إلى الصورة الشعرية، كونها تعد وظيفتها في الخطاب الشعري.

الملاحظة الثانية: تتعلق بحرص جلّ الدراسات التي وقفنا عندها، على مقاربة النص الشعري في نسقيته، فمهما كان منطلق الدراسة ومرجعيتها النقدية، فإنها تحرص على تحليل العلاقات التي تربط بين مكونات النص الشعري. إن التركيز على النسق الإيقاعي، أو النسق الأسطوري ـ مثلاً ـ كثيراً ما يستدعي باقي المقومات المعجمية، والدلالية، والتركيبية للغة الشعرية، من دون أن يعني هذا غياب جنوح بعض الدراسات إلى عزل بعض الظواهر ودراستها خارج نسقها، كما أوضحنا ذلك في بعض الدراسات «الموضوعاتية»، المنغلقة التي رجحت جانب الدلالة على الجوانب الشكلية واللغوية للعمل الشعري، أو في بعض الدراسات التي اعتمدت في تحليلها مقاطع أو قصائد منعزلة.

أما الفصل الثاني من هذه الدراسة، فجاء بحثاً عن نظرية الشعر، كما عكسها الشعر العربي المعاصر ذاته، من خلال علمين من أبرز أعلامه، هما (أدونيس، ومحمود درويش)، انطلقنا فيه من فرضية أن الشعراء استكملوا ذلك الجانب الذي أهمله النقاد، وهو البحث في «الخيال المادي»، كما بيّنه غاستون باشلار في كتبه حول (الماء، والنار...)؛ إذ قصد تأسيس أنطولوجيا للشعر، تلك الأنطولوجيا التّي جعلها جان كوهن غاية الشعر العليا، مستكملاً بها نظريته الشكلية الانزياحية؛ حيث لا يستقيم الحديث عن التخييل الشعري دون الحديث عن وظيفته.

في هذا السياق، أبرزنا كيف مثَّل الشعراء العرب المعاصرون عبر شعرهم، نظرية الخيال المادي، وهم يحدثوننا شعرياً عن تعريف

الشعر، وعن ماهيته، ووظائفه، ممثلين رؤية ما بعد الحداثية، تجعل الإبداع ينظر إلى نفسه من خلال مرآته ذاتها، بشكل مختلف عن مرآة النقد. ومن المذهل أن يتفق كل من درويش وأدونيس، حول أنساق تخييلية موحدة، خاصة من حيث توظيفهما لاستعارات معرفية؛ هي: الشعر نور، والشعر نار، والشعر ماء، والشعر نبات، وهي استعارات جاءت متواترة في مختلف دواوينهما، كما أبرزنا، إن هذه العناصر أو (الأسطقساتت) بلغة الفلاسفة هي التي جعلها الشاعران مُشَكِّلة لكيمياء الشعر، متفننين في بسط شعريتها، من خلال استعارات مذهلة، تتجاوز مستوى المعاني العرفية المرتبطة بالنور والماء والنبات، إلى معانٍ تتوغل في عمق الشعر، لكشف حقيقته ووظائفه، وكل ذلك في ارتباط بأسطورة الموت والانبعاث، التي جسّدتها أسطورة تموز وعشتار، وبروميثيوس...إلخ، وفي انصهار مع الرؤيا الشعرية التي تروم بعث واقع عربي جديد، على أنقاض واقع لا يستجيب لأحلام الشعراء. لا غرابة بعد ذلك أن يستمد الشاعران نظريتهما للإيقاع الشعري من كلام الماء، وأن يبسطا نظرية متفردة للمحاكاة الشعرية، تَقلِب المعادلة التي رسختها نظرية المحاكاة الأرسطية؛ حيث غدا الأصل هو الخيال، وغدا الواقع صورته المشوهة، يحاول الشاعر إزاحتها، لإعادة الحياة إلى أصلها الجميل المنسجم مع العالم الشعري.

هامش:

1 – هذا ما أثبته رولان بارت في قوله:

«وضع أرسطو مؤلفين متعلقين بظواهر الخطـاب... يعالج فن الخطابة Techné
Rhétoriké فـن التواصــل اليومي، والخطـاب أمام الجمهور؛ ويعالج فن الشـعر
Techné poétiké فن الاستحضار الخيالي: يتعلق الأمر في الحالة الأولى بتنتظيم
تـدرج الخطاب من فكرة إلـى فكرة، وفي الحالة الثانية بتنظيم تدرج العمل الأدبي
من صورة إلى صورة».

(بـارت، رولان، البلاغـة القديمة، ترجمة وتقديم: عبد الكبير الشـرقاوي، نشـر
الفنك، مطبعة النجاح الجديدة، الدار البيضاء، 1994م، ص، 44 – 45).

مدخل نظري:

المرجعيات النقدية والبلاغية للنقد الشعري العربي المعاصر

1 – في دلالة النسق والتخييل:

1 – 1 – مفهوم النسق:

يدل النسق في المعجم العربي على الترتيب والنظام والارتباط والتتابع؛ إذ إن «النسق من كل شيء ما كان على طريقة نظام واحد»، و«نسق الكلام: عطف بعضه على بعض»، «وكل شيء أُتبع بعضه بعضاً فهو نسق» [1].

وقد ارتبط النسق في الدراسات اللغوية الحديثة بمؤسس اللسانيات، فرديناند دي سوسير، الذي عرَّف اللغة بكونها «نسقاً/ نظاماً من العلامات المعبرة عن أفكار» [2].

ومن هنا فوظيفة اللسانيات من منظور سوسير؛ هي الدراسة الداخلية للنسق اللغوي، الذي لا يقوم على تنظيم عشوائي؛ بل يتأسس على نظامه الخاص، وهو يشبهه هنا بلعبة الشطرنج le jeu d'échecs، التي يُنظر فيها إلى العلاقات بين مكوناتها، وإلى وظائف العناصر وليس إلى شكلها الخارجي، فلا يتأثر هذا النسق، مثلاً، بكون قطع الشطرنج مصنوعة من الخشب أو العاج، لكن يُنظر إلى

الوظيفة التي يشغلها كل عنصر ضمن النسق العام؛ بحيث إن أي تغيير لعنصر ما، يؤدي إلى تغيير النسق ككل[3].

وإذا كان سوسير يميّز بين لسانيات اللغة la linguistique de la langue ولسانيات الكلام la linguistique de la parole حاصراً دراسته العلمية في الأولى، لأنها وليدة مواضعات اجتماعية ثابتة لا تتأثر بالظروف الخاصة للفرد (السيكولوجية، والفيزيائية..) فإنه قد أناط بعلوم أخرى الاهتمام بالكلام، La Parole [4]، وهو ما تبلور بشكل جلي في النظريات الشعرية والبلاغية، التي أولت اهتماماً خاصاً للتحققات الفردية للغة عند المبدعين، مضيفة إلى مفهوم النسق اللغوي مختلف المتغيرات الفردية والأسلوبية والثقافية.. المندمجة في النسق، والمنفلتة عن النظام العام والثابت للغة في الآن نفسه.

2 – 1 – مفهوم التخييل:

قد يكون من الصعب شرح هذا المصطلح خارج الأنساق البلاغية والشعرية التي تؤطره، وإذا كانت المباحث الموالية، ستتولى بيان معاني التخييل في بعض النظريات البلاغية والشعرية القديمة والحديثة، في علاقتها بمفهوم النسق، فيكفي أن ننطلق هنا من تعريف مبدئي عام، يمكن إجمال عناصره في الآتي:

أ – يتجه المعنى اللغوي لكلمة تخيُّل وتخييل imaginaire، حسب المعجم العربي، إلى معاني: الظن، والاشتباه، والإشكال، والاتهام، والوهم، والتصور[5]، وكلها معانٍ تصب في منحى تجاوز معطيات الواقع.

ب – أما على مستوى الاصطلاح، فقد ظهر مصطلح: التخييل والتخيل، مع الفلاسفة المسلمين في محاولة ترجمتهم لمصطلحي: المحاكاة والتطهير عند أرسطو. وقد كان الفارابي أول من استعمل التخييل في الاصطلاح البلاغي العربي [6]، وتبعه ابن سينا وابن رشد، من الفلاسفة، وتبنَّى التخييلَ من البلاغيين عبد القاهر الجرجاني، وحازم القرطاجني، كما سنرى.

ويرتبط التخييل بالنظرية المعرفية عند الفلاسفة المسلمين، من حيث تمييزهم بين التصديق البرهاني أو الجدلي والخطابي، وبين التخييل الشعري؛ حيث التصديق يتوخى الصدق واليقين، في حين يتوخى التخييل التأثير النفسي بغض النظر عن صدق القول أو كذبه، فالنفس تنفعل للشعر «من غير روية وفكر واختيار، وبالجملة تنفعل له انفعالاً نفسانياً غير فكري» [7].

ج – يمكن التمييز بين التخيُّل والتخييل والمحاكاة على أساس الجهة التي ينبثُق منها كل من هذه المصطلحات، من دون الابتعاد عن المعنى العام للتخييل الذي ينصب على إعادة تشكيل معطيات الواقع، على مستوى التمثل والإدراك والتلقي: «فالعمل الفني محاكاة لو نظرنا إليه من زاوية علاقته بالواقع. ويصبح تخيلاً لو نظرنا إليه من زاوية القوة النفسية التي تبدعه، وأخيراً يصبح العمل الفني تخييلاً لو نظرنا إليه من زاوية القوى النفسية التي تتلقاه» [8].

د – أما التمييز بين الخيال والمتخيِّلة، فيكون بحسب درجات الابتعاد عن الواقع، ففي تعريف الفلاسفة لقوى النفس أو (الحواس

الباطنة)، عرَّفوا الخيال بكونه يختزن صور الواقع بعد تجريدها عن الحس، قبل أن تأتي المتخيلة، لتجري تغييرات وتركيبات على ما اختزنه الخيال؛ حيث عرّف ابن سينا الخيال بأنه: «قوة في الدماغ يحفظ ما قبله الحس المشترك من الحواس الجزئية الخمس، وتبقى فيه بعد غيبة المحسوسات»[9] .

هـ – والواقع أن مصطلح التخييل يتجاوز مستوى القوة المبدعة للشاعر والقوة النفسية المتلقية للشعر إلى التشكيل الشعري نفسه؛ لذلك وجدنا الفلاسفة يقايضون بين التخييل والمحاكاة، التي انصرفت عندهم إلى التصوير البلاغي في الشعر الغنائي؛ حيث ألح ابن سينا في بيانه لحقيقة الشعر على «غرابة المحاكاة والتخييل»[10]، وربط عناصر التخييل بالتشكيل اللغوي للشعر؛ صوتاً ومعنى وائتلافاً بينهما، قال:

«والأمـور التي تجعل القول مخيلاً: منها أمور تتعلق بزمان القول، وعدد زمانه وهو الوزن، ومنها أمور تتعلق بالمسموع من القول، ومنها أمور تتعلق بالمفهوم من القول، ومنها أمور تتردد بين المسموع والمفهوم»[11] .

وربـط ابن رشد بين «التخييل والمحاكاة»، وبين «التشبيه والمحاكاة»[12]، موجهاً المصطلحين معاً إلى عناصر الشعر: اللحن، والوزن، والتشبيه[13] .

وقد كان هذا التحويل للمحاكاة الأرسطية – التي تتجه إلى الحكاية التراجيدية – إلى ما يرتبط بالصورة البلاغية الشعرية، حلاً قرب من

خلاله الفلاسفة المسلمون بين الشعرين اليوناني والعربي [14].

و – ميّز الناقد الألماني فولفغانغ إيزر، بين الخيالي والتخييلي، على أساس أن الأول عبارة عن انطباعات مشتتة وغير منتظمة في الذهن تزول بسرعة، متفقاً مع تعريف الفلاسفة للخيال كما سبق، وخلافاً لهذا الوجود المتقلب والاعتباطي للخيال، فإن التخييل يجنح إلى الاشتغال وفق نسق منظم، داخل النص الأدبي [15].

ز – على أن التخييل لا ينتهي بتشكيل الأنساق المرجعية، وتركيبها في النص الأدبي، فطبقاً للنظرية التأويلية التي طبعت أعمال إيزر، فإن الصورة النهائية للتخييل الأدبي هي تلك التي تتبلور لدى المتلقي أو القارئ المؤوِّل؛ حيث إن «العنصر التخييلي في التخييل، لا يمكن أن يكون المكوِّن الأساسي للنص. إن المعنى هو العملية الدلالية، بالدرجة الأولى، التي تحدث بين النص المُعطى، باعتباره جشطالت [نسقاً تأويلياً] تخييلياً للخيالي، وبين القارئ» [16].

2 – التخييل الشعري في البلاغة العربية:

1 – 2 – عبد القاهر الجرجاني: التخييل الشعري ونسقية الخطاب:

جاء كتاب «أسرار البلاغة» لعبد القاهر الجرجاني كتاباً خاصاً بالتخييل، ونحن نعدّه أبرز كتاب تولى تحليل التخييل الشعري ومستوياته، وقد كان لتأثره بترجمات الفلاسفة لكتّاب فن الشعر، أثر في تطوير هذا المفهوم في البلاغة العربية، فهو على غرارهم، يقابل

بين التخييل الشعري، والتصديق الخطابي، ويوجه التخييل خاصة إلى الصورة الشعرية: التشبيه، والتمثيل والاستعارة والكناية، مثلما وجه الفلاسفة المسلمون مفهوم المحاكاة وتركيب الأفعال إلى الصور الشعرية، وتركيب الألفاظ، كما رأينا، ومثلما جعل الجاحظ قبلَه، الشعرَ «جنساً من التصوير» [17].

يقع التخييل عند الجرجاني إذن في مقابل التصديق، وهو لهذا يقسم المعاني إلى عقلية وتخييلية: فالمعنى العقلي هو الصادق الصريح، الذي «يشهد له العقل بالصحة، ويعطيه من نفسه أكرم النسبة، ويتفق العقلاء على الأخذ به والحكم بموجبه»؛ وذلك ما يتحقق في: القرآن الكريم، والحديث النبوي الشريف، ثم أقوال الصحابة، وأقوال الحكماء [18].

على أن الشعر لا يأخذ صفته الحقيقية إلا عندما يتجاوز هذه الأقوال والمعاني العقلية، إلى المعاني التخييلية، وهو ما يعني أن للشعراء فسحة في التعامل مع معطيات الواقع دون الخضوع للمنطق ولرقابة العقل. ولهم الفسحة في البحث عن علل أخرى غير العلل العقلية، وبناء أقيستهم الشعرية ومقدماتهم الخاصة، بعيداً عن البرهان العقلي، وبغض النظر عن صدق ما يقولونه أو كذبه.

وبهذا عرّف الجرجاني القسم التخييلي في الشعر قائلاً:

«أما القسم التخييلي، فهو الذي لا يمكن أن يقال إنه صِدقٌ، وإنَّ ما أثبتَه ثابت وما نفاه منفيّ، وهو مفتنُّ المذاهب، كثير المسالك، لا يكاد يُحصَر إلاّ تقريباً، ولا يُحاط به تقسيماً وتبويباً، ثم إنه يجيء طبقاتٍ، ويأتي على درجاتٍ، فمنه ما يجيء مصنوعاً قد تُلطَّف فيه، واستعين

عليه بالرِفق والحِذق، حتى أُعطَي شَبَهاً من الحقّ، وغُشِّي رَوْنَقاً من الصّدق، باحتجاج تُمُحِّل، وقياسٍ تُصُنِّع فيه وتُعُمِّلَ» [19].

وعندما يأخذ الشاعر هذه الفسحة التخييلية، يجوز له أن يقدم نظرته الخاصة للأشياء، فيحسِّن القبيح منها، ويقبِّح الحسن، مختلقاً في هذا مبرراته الخاصة، وقد أفاض الجرجاني في الدفاع عن اختيارات الشعراء التخييلية، وفق عللهم ومبرراتهم الخاصة، التي لا يمكن محاكمتها في ضوء المعطيات المنطقية الصريحة، مما لا يتسع المقام لبسطه هنا، ومن ذلك ــ مثلاً ــ دفاعه عن تحسين الشاعر للشيب، متغاضياً عن عيوبه الكثيرة، جاعلاً من مديح لونه (حجته) في ذلك [20].

وكان سبيل الجرجاني في بيان شعرية المعنى التخييلي، هو تحليل ما تختزنه الصور البلاغية (التشبيه والاستعارة والتمثيل والكناية)، من معانٍ تجنح بها إلى نوع من الرمز والتلميح، وتبتعد بها عن التصريح الذي يجافي طبيعة الشعر، ويقربه من لغة العلوم التي لا شأن للبلاغة الشعرية بها، ومن اللافت للنظر أن يقارن الجرجاني بين لغة العلم ولغة الشعر، كما قارن جان كوهن، في الشعرية الحديثة بين اللغة المعيار في النثر العلمي واللغة الشعرية، كما سنرى، قال:

«لا تَرى نوعاً من أنواع العلوم إلا وإذا تأملت كلام الأولين الذي عَلَّموا الناسَ، وجدْتَ العبارةَ فيه أكثرَ من الإشارة، والتصريحَ أغلبَ من التلويح» [21].

ويبدو أن الجرجاني وقد انتهى من تأليف كتاب أسرار البلاغة [22]، لاحظ أن نظريته تحتاج إلى تركيب، وإعادة تنظيم وفق نسق كلي،

يدرج ما تم إهماله من مستويات تداولية تتعلق بالمقاصد والأغراض، اختزله مفهومه حول النظم، وهو ما استدركه في كتابه «دلائل الإعجاز» [23]

وهكذا ربط الجرجاني بين مستويات التخييل الشعري والنظم؛ حيث تتضافر دلالات الألفاظ، مع تراكيب النحو، لأداء المعاني والوظائف التداولية، والتي لا يمكن أن تتحقق إلا بمراعاة النسق اللغوي وترتيبه؛ حيث إن «الألفاظ لا تُفيد حتى تُؤلَّف ضرباً خاصّاً من التأليف، ويُعْمَد بها إلى وجه دونِ وجهٍ من التركيب والترتيب» [24]؛ بحيث لو أبدلنا مكان ذلك الترتيب ترتيباً آخر، لذهبت جمالية الشعر وتعطلت وظيفته [25]. ولهذا شبه الجرجاني ناظمَ الكلام، بمن يُشيّد بناء متناسقاً، لا بد فيه من مراعاة تنظيم خاص، وهندسة محكمة، وترتيب الأجزاء والربط فيما بينها، ليكون البناء مكتملاً [26].

واستكمالاً لدائرة التخييل عند الجرجاني، التي بدأت، كما رأينا، برصد القوة المخيلة عند الشاعر، وقدرته على البحث عن علاقات جديدة بين الموجودات، ومرت بالتشكيل اللغوي، الذي ركز فيه الجرجاني على المعاني التخييلية (التشبيه والتمثيل والاستعارة)؛ فإنه قد أولى للجانب الثالث، المتعلق بالمتلقي عناية خاصة، لكونه المحطة الأهم في عملية التخييل. وهو في هذا يربط جودة الصورة الفنية، بقدراتها على نيل إعجاب المتلقي:

«واعلمْ أنَّ مِن شأن الاستعارةِ أنك كلما زدتَ إرادتَكَ التشبية إخفاءَ، ازدادتِ الاستعارةُ حُسْناً، حتى إنَّك تَراها أغْرَبَ ما تكونُ إذا

كان الكلامُ قد أُلَّف تأليفاً إن أردتَ أن تُفْصِح فيه بالتشبيه، خرَجْتَ إلى شيءٍ تعافه النفس ويلفظه السمع»[27].

2 – 2 – حازم القرطاجني: نحو رؤية موسعة للتخييل الشعري:

كان حازم القرطاجني أبرز من حاول تقديم نظرية شعرية نسقية للتخييل الشعري لا توازيها، في أهميتها، إلا نظرية التخييل عند عبد القاهر الجرجاني، فقد حاول تطبيق ما توصل إليه الفلاسفة في ترجمتهم لكتاب فن الشعر لأرسطو، من نقل مفهوم المحاكاة والتطهير نحو التخييل الشعري. متبنياً نظرتهم الأرسطية للبلاغة التي غدت تشمل الشعر والخطابة، ومن هنا غدا علم البلاغة عند حازم «مشتملاً على صناعتي الشعر والخطابة... يشتركان في مادة المعاني، ويفترقان بصورتي التخييل والإقناع »[28].

وقد انطلق حازم في تحليله البلاغي للشعر من رؤية نسقية تنظر للمكونات الداخلية بغض النظر عن الاعتبارات الخارجية: (الشاعر والزمان)، قال: «ولا يعتبر الكلام بالنسبة إلى قائل ولا زمان البتة، وإنما يعتبر بحسب ما هو عليه في نفسه من استيفاء شروط البلاغة والفصاحة... فبهذا النحو يصح الاعتبار»[29].

وحيث إن حازماً، قد رجع في نظريته التخييلية مباشرة إلى الفلاسفة المسلمين، وخاصة ابن سينا، فإنه قد وسّع من دائرة التخييل، فلم تعد محصورة في المعاني، وما يرتبط بها من صور بلاغية؛ بل غدت منصرفة إلى كل عناصر التشكيل الفني للشعر:

«والتخييل في الشعر يقع من أربعة أنحاء: من جهة المعنى، ومن جهة الأسلوب، ومن جهة اللفظ، ومن جهة النظم والوزن» [30].

ولفهم التخييل عند حازم، لا بد من ربطه بتصوره للمحاكاة؛ حيث تتشكل صور المعاني في الذهن في علاقتها بصور الأشياء في الواقع (الأعيان) [31]؛ وذلك قبل أن يعمل الشاعر بواسطة تخيله على إعادة تشكيلها في هيئات جديدة، غايتها إثارة الإغراب لدى المتلقي، ومن هنا غدا التخييل قواماً للشعر، متجاوزاً تعريف قدامة بن جعفر الذي كان قد اكتفى فيه بـ(القول والوزن والمعنى والقافية)؛ وذلك ما يستشف من تعريف حازم الشهير للشعر:

«الشعر كلام موزون مقفى من شأنه أن يحبب إلى النفس ما قصد تحبيبه إليها، ويكره إليها ما قصد تكريهه، لتحمل بذلك على طلبه أو الهرب منه، بما يتضمن من حسن تخييل له، ومحاكاة مستقلة بنفسها أو متصورة بحسن هيأة تأليف الكلام، أو قوة صدقه أو قوة شهرته، أو بمجموع ذلك. وكل ذلك يتأكد بما يقترن به من إغراب. فإن الاستغراب والتعجب حركة للنفس إذا اقترنت بحركتها الخيالية، قَوِي انفعالها وتأثرها» [32].

وواضح أن التخييل عند حازم لا يُنظر فيه إلى صدق القول أو كذبه؛ حيث «المعتبر في حقيقة الشعر إنما هو التخييل والمحاكاة في أي معنى اتفق ذلك» [33]؛ لذلك دافع حازم – على غرار ابن سينا [34] – عن فكرة عدم مناقضة الشعر للصدق [35]، قال:

«والتخييل أن تتمثل للسامع من لفظ الشاعر المخيل أو معانيه

أو أسلوبه ونظامه، وتقوم في خياله صورة أو صور ينفعل لتخيلها وتصورها، أو تصور شيء آخر بها انفعالاً من غير روية إلى جهة من الانبساط أو الانقباض» [36].

والغاية من كل هذا الإبداع الذي يجريه الشاعر على ألفاظ شعره، ومعانيه، ونظمه، وأسلوبه، هو التأثير في المتلقي، وإحداث الغرابة والتعجيب لديه:

«ويحسن موقع التخييل من النفس، أن يترامى بالكلام على أنحاء من التعجيب، فيقوى بذلك تأثر النفس لمقتضى الكلام... » [37]. ومن هنا: «كلما اقترنت الغرابة والتعجيب بالتخييل كان أبدع» [38].

3 – التخييل الشـعري والنسق في النظريات الشعرية الحديثة:

كان العيب الأساسي للنظرية البلاغية الكلاسيكية في تحليلها للشعر – حسب كبدي فاركا – هو أنها كانت تنظر نظرة ثابتة وأزلية للعالم، وتمتلك مفهوماً مجرداً وثابتاً عن الجميل Le Beau، وتتبنى طريقة الفحص المنعزلة، وغير النسقية synthétique – non؛ حيث إن «كل قاعدة يجب بالضرورة أن تلبس خاصية قانون ثابت لا يتغير immuable... إن الجمالية الكلاسيكية كانت عاجزة عن تحديد الشعر في صيرورته وتطوره، وعن مسايرة التدفق الشعري le Flux Poétique... إن مثل هذا التصور الجمالي الذي يلغي مفهوم الحركة، يظل عاجزاً عن تجسيد الشعر في كليته الحية» [39].

ومن هنا دعا ميشونيك إلى أن ننطلق في دراسـة الشعر من مفهوم النسق systéme في علاقته بالعناصر التخييلية، قال: «إن قراءة الدوال تسعى جاهدة إلى أن تبني النص باعتباره نسقاً، وليس ملفوظاً يُقرأ كيفما اتفق، بناء متسقاً، باعتباره مجموعة من العلاقات ــ وليس مجموعة مصطلحات ــ تنظر إلى وظائف الكلمات وليس إلى ماهيتها» [40].

وحيث إنه من الصعب في هذا المقام، الإحاطة بكل نظريات الشعر الحديثة في علاقتها بالتخييل والنسق؛ إذ هناك أسماء عديدة (جاكبسون، وبارت، وتـودوروف، وميشونيك، ومولينو.. إلخ)، أسهمت في مقاربة الشعر عن طريق بناء منسجم، يوحد الظواهر اللغوية، ويتجاوزها إلى خلق حوار بين البنيات اللغوية وامتداداتها النفسية والثقافية والأنطولوجية، أو الربط بين الشكل الشعري ووظيفته، فإننا سنكتفي في هذا الباب بتقديم ثلاثة تصورات كبرى للأنساق التخييلية في النظريات الشعرية الحديثة، كان لها تأثيرها القوي في توجيه الدراسات النقدية العربية للشعر العربي المعاصر:

ــ الأولـى تتعلق بالشعرية البنيوية التي أسسها جان كوهن، والتي نحت منحى عاماً، يبحث في قضايا النظم والإيقاع، والتركيب والدلالة، في حوار مع البلاغة القديمة واللسانيات.

ــ الثانية مثّلها صمويل ليفن، في تركيزه على الجانب الإيقاعي (التوازي)، الذي يعود إلى جاكبسون وأتباعه.

ــ والنظرية الشعرية الثالثة تتعلق بنظرية الاستعارة التي تبلورت مع النظريتين التفاعلية والمعرفية.

إن كل هذه النظريات بما قدمته من دراسـات نسقية للتخييل الشعري، فتحت آفاقاً كبيرة لدى النقاد في دراستهم للشعر العربي المعاصر، كما سنبين في الفصل الأول من هذا الكتاب.

1 – 3 – جان كوهن: نحو شعرية نسقية

ظلت وظيفة البلاغة الكلاسيكية، حسب – جان كوهن – منحصرة في تصنيف الظواهر البلاغية، ووضع معالمها، من دون محاولة البحث عمّا يجمع بينها في أنساق كبرى، وعلى الرغم من أهمية هذه الخطوة التصنيفية، فإنه لا بد من الخطوة الثانية، التي حاول كوهن أن يخطوها، ويجعلها هدف تحليله، وهي: «البحث عن البنية المشتركة بين الصور المختلفة»[41].

هكذا شكل النسق بمفهومه اللساني، كما تبلور في اللسانيات، منطلق جان كوهن، لصياغة نظريته الشعرية، التي تروم تأسيس علم للشعر، والتخلص من تلك التعريفات المنفلتة المجردة التي ألصقت بكلمة شعر، باعتباره «روح الطبيعة، أو حركة متصلة تأريخية.. لتجليات الشعور»[42].

ووفق هذا التصور، فإن أية كلمة لا تأخذ معناها، إلا داخل العلاقات التي تتفاعل فيها مع باقي الكلمات[43]:«فالشكل هو مجموع العلاقات المعقودة بكل عنصر داخل النسق، ومجموع هذه العلاقات هو الذي يسمح لعنصر ما بأداء وظيفته اللغوية... فالمادة هي الواقعة العقلية أو الأنطولوجية، والشكل هو هذه المادة نفسها كما تُبَنِيْنُها (تصوغها)،

العبارة... ووجهة النظر الشكلية هذه التي تطبقها البنيوية على اللسان سنطبقها من جهتنا على الكلام، أي الرسالة نفسها» [44].

لقد حاول كوهن في نظريته الشعرية البنيوية، البحث عن نسق كلي للشعر، أو عن شكل للأشكال[45]: «فإذا ما وجدت بنية للغة الشعرية، بما هي لغة شعرية، فيجب بالطبع أن توجد في شعر جميع اللغات»[46]. وانطلاقاً من منهجية علمية تقوم على رصد الوقائع الأسلوبية، عرّف كوهن الشعرية بأنها: «علم الأسلوب الشعري»، موجهاً مفهوم الأسلوب من الطابع الفردي، كما نادى به بيفون، القائل : إن «الأسلوب هو الرجل نفسه»، إلى الطابع اللساني، الذي يمكنه البحث في النسق المشترك والثابت في لغة جميع الشعراء[47]، وبهذا تمتد الشعرية لتبحث في مختلف أنواع الشعر: الشعر الكامل: الصوتي – الدلالي، وقصيدة النثر التي سمّاها «قصيدة دلالية»، والقصيدة الصوتية. وقد حصر كوهن – لدوافع منهجية – تحليله في النوع الأول، الذي يفعّل الانزياحين الصوتي والدلالي معاً[48]، طامحاً إلى «إنشاء شعرية أدبية»، يمكن أن تنطبق تحليلاتها على «قصائد عدة لغات أو عدة ثقافات»[49].

ولخص كوهن النسق العام أو شكل الأشكال، الذي يوحد الشعراء، في مفهوم الانزياح ecart ، الذي يقع في مقابل اللغة المعيار، وهي عنده «النثر العلمي»، أو «لغة العلماء»، التي تجنح إلى تقليص أشكال الانزياح إلى الدرجة القصوى، مقتربة من الدرجة الصفر للكتابة[50].

ومن خلال اعتماد منهجية إحصائية ترصد مظاهر الانزياح:

الصوتية والدلالية وتطورها الكمي، في الشعر الفرنسي، من الحركة الكلاسيكية إلى الرمزية، مروراً عبر الحركة الرومانسية، انتهى كوهن إلى أن حركة التطور الشعري تجنح نحو الانزياح؛ حيث إن «وجود انزياح ذي تردد دال إحصائياً، هو وحده الذي يسمح بتحويل ما كان في مستوى الحدس والعاطفة على أنه مجرد فرضية إلى حقيقة واقعية» [51]؛ وحيث «اللانحوية هي الخاصية الوحيدة الموجودة في النظام المطرد، والنظام الحر معاً، الخاصية الوحيدة الصالحة للتعريف حقاً» [52].

وهكذا حصر كوهن الانزياح في ثلاثة أنساق كبرى؛ هي:

أ – نسق الانزياح النظمي (الصوتي)، ويتأسس هذا النسق التخييلي في الشعر، على التعارض بين الصوت من جهة، والدلالة والتركيب من جهة ثانية، مخالفاً النثر الذي تترابط فيه الوحدات الصوتية والدلالية والتركيبية [53].

ب – نسق الانزياح الدلالي، وقد ميّز فيه كوهن بين ثلاثة مستويات:

– مستوى الإسناد؛ حيث يعمد الشعر إلى خلق نوع من المنافرة الدلالية بين المسند والمسند إليه، تصل إلى حد الأمور غير المعقولة، التي لا يمكن مطابقتها مع الواقع، من قبيل حديث الشعر عن «عزلة زرقاء» [54].

– مستوى التحديد، ويتحقق عندما تكون العلاقة بين النعت

والمنعوت ــ مثلاً ــ صورة قائمة على الحشو، وعلى غياب التحديد، من قبيل عبارة لوكونْت دو ليل: «الفيلة الحرشاء تتجه إلى موطنها الأصلي» [55] .

ــ مستوى الوصل، ويتمظهر في سعي اللغة الشعرية ــ خلافاً للنثر ــ إلى الفصل بين الجمل وأجزاء الخطاب، متحللة من أدوات الربط والاتساق والانسجام، التي تطبع لغة الخطاب العلمي [56] .

ج ــ نسق الانزياح التركيبي، ويتحقق عندما يجنح الشعر إلى خرق القواعد اللغوية التركيبية التي يتأسس عليها النحو، من قبيل التقديم والتأخير [57] .

على أن كوهن، وإن أفرد لكل نسق من أنساق الانزياح فصلاً خاصاً، لا يفوته أن يذكر كل حين بصعوبة حصر كل عنصر على حدة، لأن قيمة ووظيفة أي عنصر شعري، إنما تتحدد داخل النسق الذي تتفاعل فيه كل مقومات اللغة الصوتية والتركيبية والدلالية [58] . وهكذا لا يمكن لعنصر مستقل أن يستكمل شعرية النص؛ إذ إن «النظم لا يوجد إلا كعلاقة بين الصوت والمعنى» [59] . كما أن التماثل الذي يخلقه النظم على المستوى الصوتي، يكون غير مؤثر إذا لم نأخذ بعين الاعتبار التماثل الدلالي [60] .

والواقع أن المنهج اللساني/ الشكلي الذي سلكه كوهن في تحليل الشعر، وإن كان منهجاً علمياً ساعده في حصر الظواهر وبيان خصائصها، فإنه لم يمر دون أن يترك أثره في استكمال النظرية الشعرية، التي يتجاوز تأثيرها الشكلَ إلى الوظيفة، المرتبطة بالواقع

وبالإنسان، وبرؤية الشعراء التي تختلف من شاعر لآخر[61]، كما يتجاوز أثر العمل الشعري، اللغةَ إلى الطبيعة والتأثير النفسي، الذي يشكل غاية العملية التخييلية برمتها.

لقد استشعر كوهن منذ بداية كتابه «بنية اللغة الشعرية» هذه الحقيقة، مفضلاً ـ لدوافع علمية منهجية ـ الاكتفاء بما هو شكلي، تاركاً الوظيفة الأنطولوجية للشعر لما سمّاه بـ «علم الجمال الفلسفي»، في مقابل «علم الجمال العلمي»، الذي جعله منهجاً في كتابه[62].

ومع ذلك ظل هذا الجانب ضاغطاً في نظريته الشعرية، فلم يجد بُداً من أن يخصص له الفصلَ السابع والأخير من كتابه «بنية اللغة الشعرية»، متحدثاً عن الوظيفة الشعرية، معترفاً بقصور منهجه الذي ظل حبيس الجملة، ولم يستطع تجاوزها إلى مفهوم الخطاب[63].

ولعل هذا الاستشعار لأهمية الأنطولوجية الشعرية ووظيفتها، هو ما دفع جان كوهن، إلى أن يخصص لها حيزاً كبيراً في كتابه اللاحق «الكلام السامي»، فانطلاقاً من المرجعية الظاهراتية، سيؤكد كوهن أن الشعر لا يحيل على الواقع المباشر؛ بل يحيل على العالم العاطفي الذي يمكن عدّه المظهر الأصلي للعالم، ومن هنا فلا يجب النظر إلى مقولة الصدق والكذب في الشعر خارج مجال الوجدان، وعلينا أن نصدق الشعراء ما داموا يعبّرون عن حقيقة ما يشعرون به، لا عن الواقع الماثل أمامنا، ليتحول ما نعده استعارة في الشعر إلى شيء حقيقي يعيشه الشاعر، الذي يهب الأشياء ذلك «العمق الحيوي المحرك»[64]. وخلافاً لأشياء الواقع الخارجي، لا يمكن معارضة

الأشياء بأشياء أخرى، وبهذا يغدو المعنى الشعري بلا معارض، «إن الشعر كلام بدون نفي»[65]، والشاعر يضع نصب عينه هدفاً واحداً، هو إنشاء عالم عديم المكان وعديم الزمان؛ حيث كل شيء مقدَّم ككلية نهائية: الشيء دون خارج، والحدث دون سوابق أو لواحق، ولهذه الغاية تتشكل استراتيجية الصورة؛ بوصفها نفياً للنفي [66].

2 – 3 – سمويل ليفن: نسقية الإيقاع الشعري:

«يعتمد الإيقاع – كما يعتمد الوزن الذي هو صورته الخاصة – على التكرار والتوقع»[67]. هكذا يلخص رتشاردز أهم مبدأين يتأسس عليهما الإيقاع، الذي أولاه ميشونيك، في نظريته الشعرية أهمية خاصة؛ حيث إن: «الوعي الشعري conscience Poétique في عمقه وعي إيقاعي conscience rythmique.... إنه حركة الكلام في الكتابة»[68].

وإذا كانت دراسة الإيقاع من منظور الشعريات الحديثة أمراً قد يحتاج إلى دراسة خاصة، فيمكن أن نكتفي، لبيان الاشتغال النسقي للإيقاع، بكتاب «البنيات اللسانية في الشعر» Structures in Poetry Linguistic «لسمويل ليفن» S. R. Levin، ونعدّه كتاباً مرجعياً للبحث في الإيقاع شعري، فهو من جهة يمثل اتجاهاً شعرياً كان لياكبسون الريادة فيه من خلال بحثه في التوازي[69]، وهو من جهة أخرى يقدم من خلال بنيته المنفتحة، إمكانية تحليل مختلف أنماط الشعر المعاصر (الشعر الحر، وقصيدة النثر)، كما يساعد هذا الكتاب في بناء نسق للإيقاع في علاقته بباقي عناصر العمل الشعري

(المعجم والتركيب والدلالة)، مع استيعاب المقومات الإيقاعية التي نبهت إليها البلاغة القديمة (الجناس، والتكرار، والسجع...إلخ)؛ بل استيعاب الصور البلاغية نفسها (التشبيه والاستعارة والكناية)[70].

وهكذا غدت نظرية الإيقاع متجاوزة مستوى الجملة والقصيدة إلى مستوى أشمل يتعلق بالخطاب؛ حيث «التطابقات الدلالية والصوتية تظهر عادة على امتداد القصيدة» [71]. وقد كان رهان سمويل ليفن، هو تأسيس علم للشعر، يتأسس على «الوحدة المميزة لبنيته»، ينصهر فيه الشكل والمحتوى[72]؛ وذلك في أفق صياغة نحو كلي للشعر، يوازي النحو الكلي للغة الذي صاغه شومسكي[73]. وعلى غرار جان كوهن – وإن اختلفت الرؤية وعناصر التحليل – حاول ليفن تأسيس قواعد كلية، تنطبق على كل الشعر، ولا ترتبط بشاعر بعينه[74].

وقد سلك لتأكيد هذه الفرضية النسقية للتوازي عدة إجراءات:

أ – توسيع مفهوم التوازي ليشمل المستوى البدلي Paradigmatique، والمستوى المركبي Syntagmatique؛ بحيث لم يعد تماثل الخطاطات التركيبية الصرفية فقط هو المحدد للتوازي أو الازدواج وتحققه؛ بل أصبحت البدائل القائمة على الترادف والاشتقاق والتماثل في النوع أو الجنس... إلخ[75]، ركائز أساسية للازدواج الشعري؛ بحيث «نجد أنفسنا أمام صنف غير محدود الأطراف عددياً» [76].

ب – عمل ليفن على تجاوز النطاق الصوتي إلى النطاق الدلالي، مما ساعده على ملاءمة مفهوم الازدواج والتوازي للقصيدة في نسقيتها، إننا يمكن أن نخلق تماثلات في القصيدة عن طريق المعجم

(أسماء الحيوانات مثلاً)[77]. وبهذا يتأسس نحو الشعر على أساس التفاعل المطرد للمستويين الصوتي والدلالي[78].

والنتيجة هي أن الازدواج، عند ليفن، قد أصبح العامل الموحد للقصيدة؛ بل يتجاوز القصيدة نفسها، ليخلق علاقات من الاتساق بينها وبين القصائد الأخرى[79].

3 – 3 – الاستعارة في الفكر المعاصر ونسقية الخطاب:

قد لا نكون مبالغين إذا قلنا بأن الاستعارة شكلت العنصر التخييلي الأكثر استقطاباً للنقاد والمفكرين المعاصرين، خاصة بعد أن تم تجاوز النظرية التقليدية للاستعارة من مستوى الكلمة والجملة، إلى مستوى النص والخطاب.

أ – نظرية الاستعارة التفاعلية:

كان الناقد الإنجليزي ريتشاردز أبرز من مثل هذه النظرية؛ حيث ربط الاستعارة بنظريته حول السياق، منطلقاً من فكرة أساسية؛ وهي أن: «الكلمات التي تسبق لفظة ما وتليها تحدد طريقة تفسيرها». «ومن اليسير توسيع نطاق هذا المعنى، ليشمل نصوص الكتاب بأكمله»[80]، و«القاعدة الذهبية» التي يستلهمها ريتشاردز؛ هي «لا تقتبس شيئاً من، أو تعلّق على أي شيء، في كتاب، ما لم تكن قد قرأته من الغلاف إلى الغلاف»[81].

وهكذا لا يمكن أن نحدد معنى الاستعارة من دون مراعاة هذا

المستوى النسقي والسياقي؛ بحيث تنتفي الخرافة القائمة على المطابقة بين الكلمات وما تحيل عليه في الواقع[82]. كما أن العلاقة بين الحامل والمحمول (أو المستعار منه والمستعار له)، أصبحت علاقة تفاعلية، يأخذ كل واحد معناه ودلالته في تفاعله مع الطرف الآخر[83].

ويعد بول ريكور من أهم المفكرين المحدثين، الذين طوروا الاستعارة التفاعلية، فلقد انطلق في كتابه «الاستعارة الحية»، من محاولة إيجاد مدخل نسقي للاستعارة عند أرسطو؛ إذ على الرغم من كون هذا الأخير هو من صاغ التعريف البلاغي للاستعارة، كونها تعد نوعاً من المجاز، وإبدالاً دلالياً يقع بين الكلمات[84]، فإن فهم الاستعارة عنده لا يكتمل إلا بربطها بالحكاية التراجيدية، وهذا الأمر: «يتطلب منا الصعود... من العبارة نحو شروطها. إن الشرط الأقرب هو القصيدة نفسها ـ المقصود هنا هو التراجيديا ـ باعتبارها كلية»[85].

ومن هنا كان البديل الذي اقترحه ريكور لدراسة الاستعارة، هو النظر إليها في نسق الخطاب، وقد قام لأجل تحقيق هذا الهدف بإجراءات عدة:

أ ـ تأكيده ـ على غرار ماكس بلاك ورتشاردز ـ العلاقة التفاعلية بين طرفي الاستعارة (الحامل والمحمول)[86].

ب ـ النظر إلى الاستعارات باعتبارها أنساقاً أو خطاطاتٍ كبرى، تغطي كل الخطاب، وتضمن وحدته واتساقه[87].

ج ـ ربط ريكور الاستعارة بمفهومه للإحالة والتأويل؛ بحيث لا

يكفي في الإحالة «إرجاعها إلى وحدة الخطاب أو الجملة»؛ بل يجب استحضار مفهوم الأثر، الذي تفعِّله العملية التأويلية للقراءة، قصد إدراك أسلوب وفرادة العمل الأدبي [88]. ووفق هذه السيرورة لا ترتبط الاستعارة الشعرية بالجملة؛ بل بالقصيدة، لتغدو الاستعارة شبيهة بـ «قصيدة مصغرة» [89].

ب – الاستعارة المعرفية ونسقية الخطاب:

«تعد النظرية المعرفية للاستعارة التي طورها كل من جونسون ولايكوف، أكثر النظريات ارتباطاً بنظرية الأنساق، فقد أسهما انطلاقاً من علم الدلالة المعرفية (Sémantique Cognitive)، في تطوير جملة من المصطلحات التي تصب في المنحى الكلي للنسق، من قبيل: القوالب Stereotypes، والأطر frames، والمدونات Scripts، والسيناريوهات Senarios، والمخططات Schemas» [90].

وقد أسهم كل هذا في النظر إلى التخييل الشعري في مستواه النسقي المرتبط بالنص والخطاب، مما كان له أثر كبير في تحليل الشعر المعاصر.

لقد كان المنطلق هو البحث في إشكالية المعرفة الإنسانية، التي ظل الفكر الفلسفي والمنطقي التقليدي، يعدها موضوعية، ومستقلة عن الذات الإنسانية، وخلافاً لذلك دافع كل من لايكوف وجونسون عن نظرية للمعرفة تتأسس على الاستعارات التي تتشكل في الذهن الإنساني في صورة أنساق كبرى (قوالب)، كونها ممثلة لحقيقة العالم

والإنسان؛ وذلك من خلال التجربة الجسدية الفيزيائية من جهة، «فالصورة، والتصورات الاستعارية، ليست اعتباطية ـ إنها في الواقع مقيدة بواسطة مظاهر ووظائف أجسادنا وتجربتنا»[91]، ؛ ومن خلال إعمال الخيال الذي يعطي معنى لهذه التجربة من جهة ثانية، ومن هنا لا تكتمل نظرية العقل عندهما إلا من خلال الربط بين التجربة والتخييل[92].

ومن أجل فك قيود الاستعارة لملاءمة هذا التصور المعرفي، سيعدّ المعرفيون العلاقة التي تجمع بين طرفي الاستعارة، غير قائمة على المشابهة؛ بل هي علاقة بين أفكار، أي نقل أفكار مرتبطة بمجال معين إلى مجال آخر[93].

وإذا كانت الاستعارات التصورية عبارة عن بنيات ثقافية كبرى، تشترك فيها اللغة العادية واللغة الشعرية، فإن للغة الشعرية طريقتها في تمييز استعاراتها، وإن ظلت بنية فكرية مشتركة مع الاستعارات غير الأدبية،[94]، ولهذا ميّز المعرفيون استعارات الشعر بقدرتها على التجديد والابتكار من خلال إجراءات أسلوبية عدة من قبيل: التمديد Extention، والتفصيل Elaboration، والتركيب والجمع Combination، والتشكيك Questioning[95].

الهوامش:

1 – ينظر: ابن منظور أبو الفضل جمال الدين، لسان العرب، المجلد العاشر، دار صادر، بيروت، بدون تاريخ، ص 352 – 353.

2 – Ferdinand de Saussure، Cours de Linguistique Générale، Publié par Charles Bally et Albert Sechehaye ، Payot، Paris، 1971, p. 33.

3 – Ibid، p. 33.

4 – Ibid، p. 36 – 37.

5 – لسان العرب، ج11 / 226 – 227.

6 – ابن رشد، تلخيص كتاب طاليس، أرسطو في الشعر، ضمن فن الشعر لأرسطو، ترجمة: عبد الرحمن بدوي، ط2، دار الثقافة، بيروت، 1973، ص 257.

7 – ابن سينا، فن الشعر من كتاب الشفاء، ضمن فن الشعر لأرسطو طاليس، تحقيق عبد الرحمن بدوي، ط2، دار الثقافة. بيروت، 1973، ص 161 – 162.

8 – عصفور جابر، مفهوم الشعر دراسة في التراث النقدي، الهيئة المصرية العامة للكتاب، ط5، 1995، ص 191.

9 – ابن سينا كتاب النجاة في الحكمة المنطقية والطبيعية والإلهية. نقحه وقدم له: ماجد فخري، دار الآفاق الجديدة، بيروت، بدون تاريخ.201.

10 – ابن سينا، فن الشعر من كتاب الشفاء، ص 163.

11 – نفسه، 163.

12 – ابن رشد، تلخيص كتاب طاليس، أرسطو في الشعر، ص 215.

13 – نفسه، ص 203.

14 – للوقوف على تفاصيل تحويل الفلاسفة المسلمين للمفاهيم الشعرية الدرامية

إلى القصيدة العربية الغنائية، يمكن العودة إلى القسم الثاني من كتاب: (وهابي عبد الرحيم، القراءة العربية لكتاب فن الشعر لطاليس، أرسطو علم الكتب الحديث، الأردن، ط1، 2011).

15 – فولفغانغ إيزر، التخييلي والخيالي من منظور الأنطروبولوجية الأدبية، ترجمة: لحمداني حميد، والجلالي الكدية، مطبعة النجاح الجديدة، الدار البيضاء، ط1، 1998، ص 9.

16 – نفسه، ص 27.

17 – الجاحظ كتاب الحيوان، تحقيق: عبد السلام محمد هارون، شركة مكتبة ومطبعة مصطفى البابي الحلبي وأولاده بمصر، ط2، 1384 هـ، 1965 م، ج 3 / ص 131 – 132.

18 – الجرجاني، عبد القاهر، أسرار البلاغة، قرأه وعلق عليه: محمود محمد شاكر، دار المدني، جدة، 1412 هـ، 1991 م، ص 263 – 264.

19 – نفسه، ص 267.

20 – نفسه، ص 267 – 268.

21 – الجرجاني، عبد القاهر، دلائل الإعجاز، ص455.

22 – يُفترضُ أن كتاب أسرار البلاغة سابق في التأليف على دلائل الإعجاز، وقد برر محمد العمري هذه الأسبقية، بكون كتاب دلائل الإعجاز، جاء مستوعباً مادة أسرار البلاغة (التخييل)، مضيفاً إليها حيثيات النظم، والمستوى التداولي.

(ينظر: العمري محمد، البلاغة العربية أصولها وامتداداتها، إفريقيا الشرق، الدار البيضاء، المغرب، ط2، 2010م، ص 353).

23 – نفسه، ص 353.

24 – الجرجاني، عبد القاهر أسرار البلاغة، ص 4.

25 – نفسه، ص 87.

26 – الجرجاني، عبد القاهر، دلائل الإعجاز، ص 93.

27 – نفسه، ص 450، ينظر أيضاً: ص 148.

28 – القرطاجني، حازم منهاج البلغاء وسراج الأدباء، تقديم وتحقيق: محمد الحبيب ابن الخوجة، ط3، دار الغرب الإسلامي، بيروت، 1986، ص 19 – 20.

29 – نفسه، ص 265.

30 – نفسه، ص 89.

31 – نفسه، ص 18 – 19.

32 – نفسه، ص 71.

33 – نفسه، ص 19.

34 – ابن سينا، فن الشعر من كتاب الشفاء، ص 162.

35 – القرطاجني، حازم منهاج البلغاء وسراج الأدباء، ص 70 – 71.

36 – نفسه، ص 89.

37 – نفسه، ص 90.

38 – نفسه، ص 91.

39 – Varga A. Kibédi, Les constantes du poéme, Analyse du langage poétique, édition A. et J. Picard, Paris, 1977. p. 2 – 3.

40 – Meschonnic Henri, Pour la Poétique I, Essai, Edition Gallimard, Paris, 1970, p. 97.

41 – كوهن، جان بنية اللغة الشعرية، ترجمة: الولي، محمد، والعمري، محمد دار توبقال للنشر، الدار البيضاء، المغرب، ط 2، 2014، ص 47.

42 – ورتشاردز، أوغدن معنى المعنى. دراسة لأثر اللغة في الفكر ولعلم الرمزية، ترجمة: كيان أحمد حازم يحيى، دار الكتاب الجديد المتحدة، بيروت، 2015، ص 248 – 249.

43 – كوهن، جان بنية اللغة الشعرية، ص 29.

44 – نفسه، ص 29

45 – نفسه، ص 48.

46 – نفسه، ص 14 – 16.

47 – نفسه، ص 15 – 17.

48 – نفسه، ص 11 – 13.

49 – نفسه، ص 13 – 14.

50 ــ نفسه، ص 24.

51 ــ نفسه، ص 17.

52 ــ نفسه، ص 67 ــ 68.

53 ــ نفسه، ص 57.

54 ــ نفسه، ص 103 ــ 114.

55 ــ نفسه، ص 136

56 ــ نفسه، ص 160 ــ 165.

57 ــ نفسه، ص 175 ــ 188.

58 ــ نفسه، ص 32.

59 ــ نفسه، ص 52.

60 ــ كوهـن، جان الكلام السـامي نظرية في الشـعرية، ترجمـة وتقديم وتعليق: الولي، محمد دار الكتاب الجديد المتحدة، بيروت، لبنان، ط 1، 2013، ص 230.

61 ــ يذكر كوهن مثلاً النظرة الشعرية التي يملكها كل شاعر للقمر قائلاً:

«فالقمـر مثلاً، هذا الموضوع الذي لم ينضب معينه عند شـعراء جميع العصور، وجميـع الأمـم، لا بد أن يمتـاز بخاصية جوهريـة.. إن القمر شـاعري باعتباره مَلِكـة الليالي، أو باعتباره ذلك المنجـل الذهبي، ويحتفظ بنثريته في عبارة كوكب أرضي» (كوهن، جان بنية اللغة الشعرية، ص 37 ــ 38).

62 ــ نفسه، ص 10.

63 ــ كوهن، جان بنية اللغة الشعرية، ص 98.

64 ــ كوهن، جان الكلام السامي، ص 188.

65 ــ نفسه، ص 117.

66 ــ نفسه، ص 115.

67 ــ رتشــاردز إ. آ، مبادئ النقد الأدبي، والعلم والشـعر، ترجمة: مصطفى بدوي، المجلس الأعلى للثقافة، المشروع القومس للترجمة (416)، القاهرة، 2005، ص 185.

68 – Henri Meschonnic, Pour la Poétique I, Essai, Edition Gallimard, Paris, 1970, p. 68.

69 – رومان، ياكبسون قضايا الشـعرية، ترجمة: الولي، محمد ومبارك حنون، دار توبقال للنشر، الدار البيضاء، المغرب، ط1، 1988، ص 104. ينظر أيضاً:

Molino Jean et Joelle Gardes – Tamine. Introduction à l'analyse de la poésie. I. Vers et Figures, p. 209.

70 – رومان، ياكبسون، قضايا الشعرية، ص 50 – 51.

71 – سمويل. ر، ليفين البنيات اللسانية في الشعر، ترجمة الولي، محمد والتوزاني خالد، منشورات الحوار الأكاديمي، مطبعة فضالة، المغرب، 1989 ص 20.

72 – نفسه، ص 10.

73 – نفسه، 17 – 18.

74 – نفسه، ص 19.

75 – رومان، ياكبسون، قضايا الشعرية، ص 25 – 30.

76 – البنيات اللسانية في الشعر، ص 25 – 26.

77 – نفسه، ص 29 – 30.

78 – نفسه، ص 37.

79 – نفسه، ص 42

80 – آ. أ. ريتشاردز، فلسفة البلاغة، ص 39.

81 – نفسه، ص39 – 40

82 – ورتشاردز، أوغدن معنى المعنى، ص 73.

83 – ريتشاردز، فلسفة البلاغة، ص 100 – 118.

84 – طاليس، أرسطو فن الشعر، ص: 58 – 59.

85 – ريكور، بول الاستعارة الحية، ص: 90.

86 – الولي، محمد جولة في ضواحي الاستعارة الحية ريكور، بول ص 37 – 38.

87 – ريكور، بول الاستعارة الحية، ص 382

88 – نفسه، ص 349 – 350.

89 – نفسه، ص 352.

90 ــ مفتــاح، محمــد مجهول البيان، دار توبقال للنشـــر، الدار البيضاء، المغرب، ط1، 1990ص 64. ينظــر أيضـاً إلـى: دي بوجرانـد روبرت، النـص والخطاب والإجراء، ترجمة تمام حسان، عالم الكتب، القاهرة، ط1، 1998، ص 353 ــ 355.

91 ــ Mark johnson. The Bodily in the Mind. The badly Basis of Meaning, imagination, and Reason. The university of Chicago Press. Chicago and London. 1992, p. Xvi

92 ــ Ibid, p. IX

93 ــ جورج لايكوف، ومارك جونسون، الفلسفة في الجسد، ص 134.

94 ــ Semino Elena and Gerard Steen, Metaphor in literature, The Cambridge Handbook of Metaphor and Thought, Edited by W. Gibbs, JR. Cambridge University Press, 2008, pp. 33 ــ 38.

95 ــ Lakoff George and Mark Turner. More than Cool Reason: A Field Guide to Poetic Metaphor, Chicago, University of Chicago Press, 1989, p.67

الفصل الأول:

الشعر العربي المعاصر في مرآة النقاد
(من النسق الأسلوبي إلى النسق الأسطوري)

1 – الأنساق الأسلوبية للشعر المعاصر:

1 – 1 – الأنساق الإيقاعية في نماذج من النقد العربي المعاصر:

«في أساس كل شعر هناك تكرار، واسترجاع وإيقاع، بالمعنى الواسع للمصطلح، النثر مشي، والشعر رقص» [1].

هكذا يؤكد كبدي فاركا، أهمية الإيقاع في الشعر، الذي ينصهر مع الوزن[2]؛ حيث إن الوزن، يقود بالضرورة إلى الإيقاع في الشعر؛ إذن يكون الإيقاع هو الغاية والقصد intention، سواء من لدن الشاعر أم من لدن القارئ؛ «الوزن هو المعيار، والإيقاع شيء طارئ على المعيار، كما يقول هنري موريي henri morier» [3].

ويمكن القول في هذا الصدد: إن الدراسات النقدية العربية الأولى للشعر العربي المعاصر كانت تسير في المنحى الوزني/ العروضي، ما أدى إلى إهمال أشكال الإيقاع اللغوية والبلاغية الأخرى؛ وذلك «نتيجة التغيير الكبير، الذي أحدثته حركة الشعر الحر في البنية الوزنية، ويبدو أن صور التوازن، من تجنيس، وتطريز وترصيع قد ظلت تعاني الإهمال، لارتباطها بعصور الجمود والانحطاط دون تمحيص أو مراجعة» [4].

لكن هذه النظرة المحدودة لموسيقى الشعر، والانحصار في حدود الوزن، سرعان ما بدأت تتبدد، بعد الانفتاح على النظريات الغربية في الإيقاع، التي مثّلها ياكبسون وأتباعه، كما رصدنا ذلك في المدخل النظري من هذه الدراسة، فأصبح الإيقاع منفتحاً على قضايا الصوت والمعجم والتركيب والدلالة، ويلخص كبدي فاركا هذا المفهوم الموسع للإيقاع قائلاً:

«إذا كان الإيقاع هو الموضوع الأساس للشعرية، فيجب أن يأخذ هذا المصطلح دلالته النظرية الواسعة، ولا نختزله في مفهوم الإيقاع الصوتي Phonétique أو النبري accentuel» [5].

كانت نازك الملائكة، في كتابها: «قضايا الشعر المعاصر»، من أوائل من حاكم الشعر الحديث في ضوء الانضباط للقواعد الوزنية التي حددتها للشعر الحر، دون التفات يُذكر لباقي المظاهر الإيقاعية، وهكذا عرَّفتْ أسلوب الشعر الحر بأنه: «شعر ذو شطر واحد، ليس له طول ثابت، وإنما يصح أن يتغير عدد التفعيلات من شطر إلى شطر» [6]، محددة حرية الشاعر في نطاق وحدة التفعيلات، وفي سياق نظام صارم، يحظر المزج بين البحور، ويحصر هذه الحرية في تفعيلات البحور الصافية (كالكامل، والرمل والهزج والرجز) دون البحور الممزوجة (كالسريع والوافر) [7]. ومن هنا فإن: «الشعر الحر ليس خروجاً على قوانين الأذن العربية، والعروض العربي، وإنما ينبغي أن يجري تمام الجريان، على تلك القوانين... إن أية قصيدة حرة لا تقبل التقطيع الكامل على أساس العروض لهي قصيدة ركيكة الموسيقى مختلة الوزن» [8].

ويبدو أن هذا النظام الصارم الذي وضعته نازك الملائكة – التي تعد مع السيّاب أول من نظم قصيدة حرة – لم يلْقَ القبول عند بعض النقاد الذين عاصروها، فبعد سنتين من ظهور كتابها «قضايا الشعر المعاصر»، الذي ظهرت طبعته الأولى عام 1962، كتب محمد النويهي كتابه «قضية الشعر الجديد» عام 1964، ينتقد فيه ما وضعته نازك من حواجز عروضية في طريق تجديد الشعر، قال:

«هل يكون الشكل الجديد هو الأداة الكاملة لمتطلباتنا الفنية، التي نطمح لتحقيقها في شعرنا العربي؟ وهل هو أقصى ما يمكن إدخاله من التغيير في ناحية الأداء؟

نحن لا نرى ذلك، ولا ننظر إلى الشكل الجديد القائم على وحدة التفعيلة العروضية إلا كمرحلة انتقال، كقنطرة يعبُر عليها شعرنا إلى ميادين أعظم اتساعاً، وتطوير أبعد مدى وأعمق جذرية»[9].

وهكذا سوف يخصص محمد النويهي الفصل الثاني من كتابه، لنقد الأسس التي بنتْ عليها نازك الملائكة النظم الوزني للشعر الحر.

وقد اقترح النويهي، في هذا النطاق، العمل بنظام النبر القائم على المقاطع، أُسوة بالشعر الإنجليزي، على اعتبار أن «الإيقاع الشعري، يقوم على دعامتين من الكم والنبر، ومهما اختلفت وظيفة كل منهما في أعاريض اللغات المختلفة»[10]، وهذا يجعل النظام الإيقاعي – حسب النويهي – «أكثر مرونة ومطاوعة، وأقل انضباطاً وصرامة ... نستطيع أن نستغله إذن في ابتكار أساس إيقاعي جديد لشعرنا»[11]. وقد خصص النويهي لبسط هذا التصور الجديد، الفصل

الثالث من كتابه، مدافعاً عن الشعراء الذين انتقدتهم نازك الملائكة، لخروجهم عن نظامها العروضي، ولتنويعهم في الإيقاع الشعري، مبرراً اختيارهم، من خلال هذا النظام النبري.

لم يقدم النويهي سوى أمثلة تطبيقية قليلة لمحاولة إخضاع الشعر الجديد للنظام النبري[12]، مما حال دون إعطائه تصوراً نسقياً واضحاً للإيقاع في الشعر الجديد، خاصة أنه تهرب من الإجابة عن سؤال أساسي: هل يمكن إخضاع جميع الأوزان الشعرية للنظام النبريّ؟ وقد غاب عن كتابِه الرجوع إلى أهل الاختصاص في تناول هذه المسألة العويصة[13].

وعلى الرغم من الظهور المبكر، للدراسة المهمة لإبراهيم أنيس، «الأصوات اللغوية»، والتي تضمنت إشارة إلى خضوع العربية للنظام النبري[14]، جسّدها في كتابه «موسيقى الشعر»، مبشراً بمشروع جديد لدراسة الأوزان الشعرية الخليلية، وتكييفها مع نظام النبر والمقاطع على غرار المستشرقين[15]، وعلى الرغم أيضاً من الدراسة المطولة التي حلل فيها كمال أبو أديب «البنية الإيقاعية للشعر العربي»، على أساس النبر، طامحاً إلى جعل هذا النظام بديلاً جذرياً لعروض الخليل على اعتبار أن «النبر هو الفاعلية الأساسية في تحديد شخصية الوحدات الإيقاعية للكتل الوزنية في بيت من الشعر»[16]، على الرغم من كل هذا، فإن دراسات الإيقاع، استناداً إلى مفهوم النبر، لم تستطع أن تقدم أساساً متيناً لدراسة الإيقاع في الشعر العربي، قديمِه وحديثِه، مما عرَّضها للنقد، على اعتبار أنها قدمت منجزات تتناقض مع المشاريع التي انطلقت منها، قال أحمد المعداوي في هذا الصدد:

«كل الذين تناولوا هذا الموضوع بالدرس [الإيقاع النبري]، قد وقعوا في أماكن محددة، من دراستهم في تناقض صارخ، رجحوا بموجبه كفة الكم على كفة النبر» [17].

استشعر النقاد ضرورة البحث عن تصور جديد للإيقاع الشعري، يوازي التطور الذي عرفته القصيدة المعاصرة، وكان الانفتاح في البداية، يتأرجح بين حصر الإيقاع فيما هو لغوي، وبين توسيع مفهومه خارج دائرة اللغة، والقول بمفهوم «الإيقاع النفسي»، وقد بدا هذا الاتجاه مثلاً عند السعيد الورقي، في كتابه «لغة الشعر العربي الحديث»؛ فهو من جهة يربط «قصيدة النثر»، بالإيقاع الخارجي المعتمد على الموازنات، بمفهومها اللغوي العام، ومن جهة أخرى، ينفلت الإيقاع عنده إلى نوع من التداعي النفسي، المرتبط بالحالات الشعورية للشعراء؛ وذلك حين واجهته تلك القصائد التي لا تعتمد أي نوع من أنواع الإيقاع، وقد دفعه هذا إلى التمييز بين «إيقاع لغوي»، و«إيقاع نفسي»، والتمييز بين «قصيدة النثر»، و«الشعر المنثور»، مقتفياً خطى أدونيس في الموضوع [18]، منتهياً إلى صياغة «نسق إيقاعي»، سمّاه «موسيقى التعبير»، يخضع للحالة النفسية للشاعر؛ وذلك في مقابل «موسيقى التركيب» [19]، المعتمدة على أشكال التوازن اللغوية.

والواقع أن الإيقاع النفسي، لا يمكن أن نضع له معياراً علمياً، لأنه يكرّس نوعاً من الذاتية في النقد، ويجعل الإيقاع منفلتاً، وكان الأجدر ــ من وجهة نظرنا ــ التعامل مع شعرية «قصيدة النثر»، التي لا تشتمل على أي شكل من أشكال التوازن، داخل حقل الدلالة

خاصة، أي استنطاق التخييل الذي تتيحه الصور الشعرية والرمز والأسطورة والأساليب البلاغية؛ وذلك ما انتهى إليه جان كوهن، حين ربط قصيدة النثر بهذا النوع من التخييل، مبقياً تحليله للإيقاع في دائرة ما يخضع للوزن الشعري، كما رأينا في المدخل النظري.

وعموماً فقد ظلت دراسات الإيقاع في النقد العربي المعاصر في معظمها تسير في اتجاهين أساسيين:

– اتجاه نظام التفعيلة الذي رسخته نازك الملائكة، كما سبق[20].

– واتجاه الإيقاع الموسع الذي رسخته نظرية التوازي عند ياكبسون وأتباعه.

وقد كان هذا الاتجاه الثاني، هو المهيمن، والسبب الأساس في نظرنا لهذه الهيمنة، هو عدم انضباط الشعراء بالقوانين التي وضعها النقاد لهم، خاصة عندما تنامت قصيدة النثر، متحدية الكثير من الأصوات النقدية التي حاولت إخماد جذوتها[21]، فكان من الضروري البحث عن نسق كلي للإيقاع، يستوعب الشعر بمختلف أنواعه: الشعر الحر وقصيدة النثر والشعر التقليدي. ومن هنا أصبح العروض «دالاً مع دوالّ أخرى لبناء الإيقاع في نسق ينتج دلالية الخطاب»[22].

ومع الانفتاح على نظريات الشعر الحديثة، وما كرّسته من رؤية للإيقاع – مثّلها (ياكبسون، ومولينو، وفاركا، وليفن، ولوتمان...إلخ)، بدأ يتبلور في النقد العربي المعاصر، مفهوم يرتبط أساساً بالمستويات اللسانية للغة، موسعاً دائرة هذه المستويات، لتلامس قضايا الدلالة والمعجم والتركيب، فضلاً عن المستوى الصوتي: «ومن بين

المفاهيم التي احتلَّت مركزاً مهماً في تحليل الخطاب الشعري، مفهوم «التوازي» وأصل هذا المفهوم المجال الهندسي، لكنه نُقل مثلما تُنقل الكثير من المفاهيم الرياضية والعلمية إلى ميادين أخرى، ومنها الميدان الأدبي والشعري» [23].

وقد زاوجت بعض الدراسات، بين المستوى العروضي، والمستوى الإيقاعي، القائم على التوازي والتكرار، مميزة بين: إيقاع خارجي أساسه الوزن، وإيقاع داخلي أساسه الموازنات [24].

مع هذه الرؤية المنفتحة للإيقاع، غدت مقاربة الشعر العربي المعاصر، أكثر تحكماً في موضوع اشتغالها، في حدود ما يسمح به المستوى اللساني والبلاغي للنص.

وتندرج دراسة الباحث محمد كنوني، للإيقاع في كتابه «شعرية القصيدة العربية المعاصرة»، في هذا المنظور اللساني/ البلاغي للإيقاع، وقد عدَّهُ «حصيلة تشابك عضوي بين جميع مستويات الخطاب الشعرية» [25]. مرسخاً المفهوم النسقي للإيقاع، الذي يستوعب الشعر الموزون وقصيدة النثر معاً، والذي لا يمكن معالجته خارج وحدة الخطاب: «إذ إن فهم الإيقاع كنسق، لا يمكن على العموم، إلا إذا وضعنا الإيقاع منذ البداية في إطار وظيفته كعامل بانٍ. والقول بنسقية الإيقاع، يفترض التمييز بين نوعين من الإيقاع، في الشعر.. هما: الإيقاع الشعري، والإيقاع النثري» [26].

هكذا شرع الباحث في دراسة الإيقاع في الشعر العربي المعاصر، راصداً في البداية، الإمكانات الإيقاعية التي يتيحها شعر التفعيلة من

منظور عروضي/ لساني، على المستوى الصوتي والكمي؛ حيث وقف عند تحليل قصيدة «أنشودة المطر» لبدر شاكر السيّاب، وقصيدة «مرثية رجل تافه» لصلاح عبد الصبور. وبناء على منهجية إحصائية لاستعمالات الزحاف، وعلى النظر إلى الإيقاع في بعده العروضي واللغوي «تبعاً لهيمنة المد أو السكون»، انتهى الباحث إلى أن، البنية الصوتية هي بنية دينامية تتبع حركية النص في شموليته، وتجعلها في علاقة عضوية مع الجانب الدلالي والتصويري للنص[27].

وخلافاً لرأي نازك الملائكة، التي انتقدت المزج بين الأوزان، وقف الباحث عند تحليل الفاعلية الشعرية للمزج بين تفعيلات البحور؛ حيث حلل قصيدتين؛ الأولى لمحمد الفيتوري، بعنوان: «بقدر ما تسع السماء»، والثانية بعنوان «مذكرات الملك العجيب بن الخصيب» لصلاح عبد الصبور، مفسراً هذا الانتقال بين الأوزان داخل القصيدة الواحدة، بالسياق النصي الدلالي، وبمقصدية الشاعر[28]، هذا على الرغم من الصعوبات التي يطرحها ربط الوزن بالمعنى.

ومن هذه الزاوية اللسانية والبلاغية للإيقاع، وقف الباحث عند بنية التوازي في الشعر المعاصر، وقسمها إلى ثلاثة أنساق كبرى هي: التوازي الدلالي، والتوازي الصوتي، والتوازي التركيبي، وهو تقسيم إجرائي، لا يعني الفصل بين هذه الأنساق التي تشتغل منصهرة في النص الشعري.

– فعلى مستوى النسق الدلالي، بيّن الباحث من خلال قصائد لصلاح عبد الصبور، ونازك الملائكة، وعبد الوهاب البياتي، ومحمد

الفيتوري، وأمل دنقل، ومنصف المزغني، كيف يتأسس التوازي على علاقات دلالية (التضاد، أو الترادف، أو الاشتراط أو التناسب) [29].

– وعلى مستوى النسق الصوتي، بيّن الباحث كيف تندمج القافية في النسقين الدلالي والتركيبي، لأداء وظيفة جمالية، محللاً نماذج من شعر (حميد سعيد، ومحمد علي الرباوي، وبدر شاكر السيّاب، ومحمود درويش، وعبد المعطي حجازي، ومنصف المزغني)، لينتهي إلى أنه: «من خلال تشابه الأطراف، يمكن القول: إن القافية تشكل فاعلية أسلوبية، تسهم في بناء المتتاليات الشعرية بشكل منطقي، يستدعي من القارئ التدرج عبر أهداب القافية لتأويل الدلالة السياقية» [30].

– وعلى مستوى النسق التركيبي، فقد حلل الباحث تفاعل الإيقاع والتركيب من خلال إبراز الوظائف التي أدتها بعض الظواهر التركيبية، متوقفاً عند قصائد: لـ(أحمد المجاطي، وصلاح عبد الصبور، وعبد الكريم الطبال)، حيث تعمل بعض التراكيب: (أسلوب الشرط، والضمائر، والبنية الظرفية...)، على توجيه بنية النص وتحقيق وحدة بنائه [31].

لا يتسع المقام هنا لعرض تلك النظرية الموسعة للإيقاع الشعري، تلك التي صاغها محمد مفتاح، المندرجة عنده ضمن «علم التناغم»، وهي تتجاوز الحدود اللسانية والبلاغية، التي بسطتها الشعريات الحديثة للإيقاع، لتغدو نظرية منفتحة على علوم عدة: موسيقية ورياضية، وفيزيائية، وبيولوجية ونفسية...إلخ، فالتنظير لموسيقى

الشعر ــ في نظره ــ «نشأ ضمن تصورات ميتافيزيقية، وعلمية وجمالية، كانت سائدة لذلك العهد. تتجلى التصورات الميتافيزيقية، في التوليد من الثنائية والاستحالة والاتصال، والعلمية في الأوليات المنطقية والرياضية والطبية والفلكية، والجمالية في التناظر والتوازي والتكرار» [32]. كما تنفتح موسيقى الشعر على تناغم الأكوان: «الشعر يحرك شجرة المحبة لتكون صلة وصل بين كل ما في الكون، من جماد وحيوان، وأجرام، وأرواح... » [33].

وقد خصص محمد مفتاح، فقرات من كتابه لتحليل موسيقى الشعر الحديث، فأعطاها هذا المعنى الموسع، الذي يؤلف بين «النسق السمعي، والنسق البصري»، مما يجعل الشعر «متداخلاً مع فنون أخرى... مع الموسيقى، ومع التمثيل المسرحي، والسينمائي، وفن الغناء، ومع الأشكال الهندسية، والمعمارية» [34]. ولا يتردد محمد مفتاح في إلحاق بعض البنيات النصية والتناصية بمفهومه الموسع لموسيقى الشعر، إن التناص ــ مثلاً ــ الذي يعكس علاقة الشاعر المعاصر بالتراث ــ يصطلح عليه محمد مفتاح بـ«النصنصة» [35] ــ ينبني ــ في نظره ــ على أصول موسيقية، أساسها محاكاة الشاعر لأيقونات ومؤشرات ورموز، ولهذا «عاد الشاعر ما بعد الحداثي، إلى ما قبل الحداثة محيياً تراثها، كأنه يريد أن يخرج من هذا العصر الشديد التعقيد والقساوة إلى سلف «صالح»؛ حيث كان التلاحم، والتساند والتناغم والانسجام» [36].

وعلى الرغم من أن هذا الانفتاح الموسيقي يمكن أن يخدم في جانب منه، الجانب الأنطولوجي للشعر، كما بينا في المدخل، فإن الإشكال

يكمن في أن أنطولوجيا الشعر هنا غدت من الاتساع؛ بحيث لا يمكن فهمها دون وضعها في السياق المعرفي للعلوم، وفي سياق مظاهر الوجود الطبيعية، بينما هي في النظريات الشعرية التي عرضنا لها في الفصل الأول (جان كوهن، وميشونيك، وفاركا، وليفن...)، كانت موجهة بالبنيات اللسانية والنصية.

ونكتفي عند هذا الحد في مناقشة كتاب محمد مفتاح، لأنه يتجاوز حدود هذه الدراسة، فهو على أهميته في اقتراح نظرية جديدة لموسيقى الشعر، لا يلامس مباشرة الشعر المعاصر، فقد جاء كتاباً نظرياً عاماً في تحليل أسس الموسيقى الشعرية؛ بل الموسيقى الكونية، واقتراح نظرية يمكن أن نسميها «نظرية معرفية للإيقاع»، تروم البحث في الإيقاع المطلق، وفي الشعر المطلق بغض النظر عن نوعه، وعن الحقبة الزمنية التي ظهر فيها وتطور.

2 – 1 – أنساق الصورة الشعرية في نقد الشعر العربي المعاصر:

لعل أبرز إشكال يطرح في تحليل الصورة الشعرية، هو صعوبة حصر مدلولها، وقد لاحظ هنري ميشونيك في هذا الصدد الالتباس والغموض الذي يطبع مصطلح الصورة، الذي يتسع تارة ليدل على كل أشكال التماثل، ويضيق تارة أخرى ليصبح مرادفاً للاستعارة مما «يدل على عجز الأسلوبية والنقد الأدبي عن تأسيس علميته Scientificité»[37].

وكان محمد الولي قد لاحظ، بأن الصورة في الدراسات النقدية

للشعر المعاصر، فقدت كِيانها المتميز، وارتبطت بما هو غريب عنها كالعواطف والانفعالات (الصورة النفسية)[38]، ومن هنا انتقد المفهوم الموسع، المنفلت، الذي سلكه عبد القادر القط ـ مثلاً ـ في دراسته للصورة الشعرية[39]؛ حيث دلت الصورة عنده على كل أشكال التخييل: «الدلالة والتركيب والإيقاع، والحقيقة والمجاز والترادف والتضاد، والمقابلة والتجانس وغيرها من وسائل التعبير الفني» [40].

في هذا الصدد، يمكن أن نذكر من النقاد المعاصرين، الذين خصوا الصورة الفنية في الشعر المعاصر بكتاب خاص، كتاب «تطور الصورة الفنية في الشعر العربي الحديث» لنعيم اليافي [41]، ظهرت طبعته الأولى عن اتحاد الكتّاب العرب سنة 1983، مكرساً رؤية نسقية واضحة في دراسة الصورة الشعرية، قال نعيم اليافي:

«نتحول الآن إلى دراسة الصورة المفردة إلى دراستها في نطاق النسق أو الكل العام... والصور أياً كان لونها، لا يمكن لها أن تحيا حياة كاملة، وتملك دلالتها كاملة، وتحمل قيمها كاملة، إلا إذا وُضعت حيث أرادها مبدعوها في نطاق النص أو النسق.. إذا علمنا ذلك كله، أمكننا أن نبدأ بداية لا بأس بها في الحديث عن العلاقات بين الصور، أو لنقل لدراسة الصور داخل النسق» [42].

وسنركز على هذا البعد النسقي عند الباحث، ونغض الطرف عن نوع ثانٍ من الصور، سمّاه «النوع النفسي»، الذي ربطه بذهن الشاعر، ونفسيته وهو مفهوم يصعب ضبطه، كما اعترف هو نفسه بذلك[43].

وقد قاده هذا التصور النسقي إلى صياغة أنساق كبرى للصورة

الشعرية، في جميع مراحل تطور الشعر الحديث؛ حيث تميزت الكلاسيكية بهيمنة التشبيه[44]، والرومانسية بهيمنة الاستعارة[45]، في حين غلب على الشعر الحر النسق الرمزي والنسق الأسطوري[46]، ويمكن بيان الفروق النسقية بين مدارس الشعر الحديث، حسب الباحث في الجدول الآتي:

أنساق الصورة الشعرية في مدارس الشعر الحديث					
الإحيائية / الكلاسيكية		الرومانسية		الشعر الحر	
التشبيه	الخصائص	الاستعارة	الخصائص	الرمز والأسطورة	الخصائص
صـــور الإنســـان والجـــسد الإنساني.	– التفكك – التراكم – التناقض	– صور المفارقة – الصـــور المتجاوبة (تـــراسل الحواس) – الصور الحركية – الصور الضوئية	– الإسقاط – الامتداد – النمو	– الصـــور الثيمية: المــوت، الاغــتراب، الضياع... – الصـــور الفـطـريـة (الـصـادرة عن اللاشعور الجمعي) – الصـــور الـعـنـقـوديـة (الـصـور المـتـشـعـبة والمتداخلة)[47] – الصـــور الإشـاريـة (يـقصد بها الـبـاحـث التناص)	– الـتـرابـط، والوحدة – الدرامـيـة: (الـطــابــع السردي) – الأصالة – التجريد – الحدس – النسقية – ثنائية الدلالة

من هذا المنطلق النسقي نفسه، حاولت الباحثة هند أديب، رصد تجليات الصورة الشعرية عند الشاعر سعيد عقل، في كتابها المعنون بـ«شعرية سعيد عقل»، منطلقة من أن «كل شيء لدى سعيد عقل صورة، وكل شيء يسهم في خلق الاستعارة، التي لا تعود مجرد «تشبيه مختزل»؛ بل تصبح علة وجود الخطاب الشعري» [48].

ولعل الجديد الذي نلمسه عند الباحثة، هو تفعيل الوظائف الأنطولوجية للصورة الشعرية؛ حيث الإيحاءات التي تنطوي عليها مفردات الصورة، ترتبط بالرؤيا العامة للشاعر؛ وحيث الصور المتراكبة تهدف إلى محاكاة العالم وإعادة تشكيله[49]؛ إذ إنه «دائماً في مجال التشبيه، يلجأ سعيد عقل إلى أساليب أكثر تعقيداً، مما يتطلب من القارئ مشاركة أكبر، ورويداً رويداً يتلمس التشبيه طريقه نحو الإيحاء، فيصبح صورة ومحاكاة، فيقترب الشاعر بذلك من الرمزيين» [50].

وقد حرصت الباحثة على تأكيد تضافر الصور في القصيدة، لتشكيل الرؤيا الشعرية، وعلى سبيل المثال، فهي تستخلص من خلال هذه الاستعارات المتراكبة، الرؤيا التي يحملها الشاعر سعيد عقل في انطلاقه من الذات إلى الكون، عبر الانتقال من التشبيه إلى الاستعارة؛ إذ إنه «في قصيدة (مِركيان)، وبعد بداية تشبيهية، تأتي الاستعارة لتوسع الأثر، الكوني:

«لي أنت كالخمر المُضِلَّهْ

كالصحو، كالنغم المولَّهْ

حلمت بك الدنيا، وغنت

أنجم الليل المُطلة» (51).

وفي مقابل تشبيهات البيت الأول، التي تظهر صور الثمالة والسكينة والنغم، تصويراً للحبيبة، نقع في البيت الثاني على استعارات أقل اندفاعاً، لكنها أكثر كونية؛ بحيث إن الكون بأكمله «يحلم»، وحيث تطل «أنجم الليل»، وهي «تغني»، فنلمح النفس الملحمي في ثنايا استعارة، تشرك عناصر الكون في صنائع البشر (52).

يمكن أن نسوق من الدراسات الجديدة المرتبطة بنقد الشعر المعاصر، كتاب «قصيدة النثر شعريتها وتحولاتها الفنية» للباحث ياسر فضل صالح العامري، قارب فيه نمطاً أساسياً مرتبطاً بقصيدة النثر، سمّاه: الصورة السردية/ الدرامية، محاولاً إبراز الجديد الذي أضافته «قصيدة النثر» للجانب التصويري في الشعر؛ حيث الصورة السردية/ الدرامية تعد — حسب رأيه — أهم المظاهر التصويرية في قصيدة النثر، ويرجع ذلك إلى أن «هذا النمط من الصور لا يركن إلى النمط المجازي؛ بل يُؤْثِر المشهد البصري الذي تتم بواسطته التقاط الشعرية في أشياء الوجود من حولنا» (53). وهنا تنحو الصورة الشعرية منحى التصوير في الفن التشكيلي، لتقدم رؤية تخييلية عن الفضاء بألوانه وأصواته وحركاته، تتسم بالطابع الكلي، وكأنها لوحة تشكيلية، لا يمكن إدراكها إلا في نسقيتها (54).

وفي سياق منظور معرفي وبلاغي، تندرج الدراسة التي أنجزها محمد الولي، حول «استعارات الفروسية» لأحمد المجاطي، منطلقاً

من معرفته الواسعة باشتغال الاستعارة في الخطاب⁽⁵⁵⁾، ومن منظور نسقي غايته البحث في «المعنى الإجمالي والمفصل، المعروض على امتداد النص» [56]. وهكذا كشف محمد الولي من خلال قراءته لديوان الفروسية عن ثلاثة أنساق استعارية كبرى، تندرج تحتها أنساق صغرى؛ وهي:

– الاستعارات العرفية.

– الاستعارات المبتدعة.

– الاستعارات العقم.

وقد بنى تقسيمه لهذه الأنساق الاستعارية الثلاثة على مبدأ درجات الغرابة والانزياح، مازجاً، بين التصور الأسلوبي الانزياحي كما تبلور عند جان كوهن، وبين التصور المعرفي الباحث في الأنساق الاستعارية.

إن الاستعارات العرفية (من قبيل استعارات الفجر)، هي درجة أولى بسيطة في الانزياح، وهي «الحلقة الوسيطة بين الدلالة الحرفية والاستعارات الخاصة» [57]. أما الاستعارات المبتكرة، فهي استعارات خاصة بالشاعر، يمكن نعتها، بأنها «استعارات عرفية خاصة»، في مقابل الاستعارات الأولى التي تعزز الانتماء الاجتماعي في الديوان؛ ويبقى النسق الاستعاري الثالث، هو الدرجة القصوى في الانزياح والابتعاد عن العرف الاستعاري؛ حيث إن الاستعارات العُقم «تستعصي على المحاكاة، ولو من لدن الشاعر نفسه» [58]، ومن أمثلتها:

«أنا النهر

أمتهن الوصل بين الحنين

وبين الربابة

وبين لهاث الغصون وسمع السحابة... ».

فهذه الاستعارة «شديدة التفرد، ناصعة الابتكارية؛ لذا فإننا نصطدم ببعض الصعوبة في محاولة تأويلها»[59].

ومن أبرز الدراسات التي وظفت النظرية المعرفية للاستعارة، نجد كتاب الباحث سعيد الحنصالي المعنون بـ« الاستعارات والشعر العربي الحديث»، تبنّى فيه مفهوم النسق وما يرتبط به من مصطلحات معرفية من قبيل: «الإطار، والمدونة، والسيناريوهات، والخطاطة، والتشاكل، والسياق...إلخ»، راصداً لهذه المصطلحات والتصورات الجديدة للاستعارة الباب الأول النظريَّ من كتابه[60].

وقد بدأ هذا الوعي النسقي مع الفرضية التي جعلها الباحث لدراسته، وهي، اعتبار البناء الشعري في جوهره «بناء استعارياً تركيبياً. فالقصيدة بناء، أساس هذا البناء الاستعارة»؛ حيث «يُشْبِهُ الحضورُ الكلي للاستعارة في النص سريانَ الماء في العروق»[61].

وقد تمحورت دراسة الباحث حول ديوان «كتاب الحب» لمحمد بنيس، فتتبع الاستعارة في كل الديوان، كاشفاً عن أنساق استعارية كبرى من قبيل: «الحب يحرق، الحب سلطان، الحب جاذبية، الحب جوع، الحب نهر الأبد...»[62]. ثم «استعارة التماهي، واستعارة الخلق،

واستعارة الشوق، واستعارة الشهوة، واستعارة الجنون... » (63).

وبهذا قدم هذا الكتاب، مدخلاً مهماً للتحليل النسقي للاستعارات، في علاقتها ببناء الخطاب وانسجامه، فقد ظل الباحث في تحليله يربط بين الدلالات الاستعارية وتشكلاتها اللغوية: المعجمية والتركيبية والصوتية، مما لا يسعنا المقام هنا لبسطه. وكل هذا يؤكد تلك الخاصية النسقية للاستعارة التي لا يمكن فصلها عن الخطاب في شموليته.

ولعل أهم مؤاخذة يمكن تسجيلها بصدد هذا الكتاب، هي محدودية النماذج التطبيقية التي اختارها، والتي استأثر بها الشاعر محمد بنيس، وحده؛ بحيث لا يمكننا الحديث عن أنساق استعارية للشعر الحديث، كما يدل على ذلك عنوان الكتاب، فالباحث اهتم بشاعر واحد؛ بل بديوان واحد، هو ‹‹كتاب الحب››، دون أن يمدد التحليل إلى باقي دواوين الشاعر نفسه، ما دام النسق الاستعاري يرتبط بالتجربة الشعرية في شموليتها.

تندرج الدراسة الجديدة للناقد جمال الحراصي، المعنونة بـ‹‹الاستعارات المعرفية، دراسة في قصيدة التفعيلة العُمانية›› (64)، في هذا المنظور المعرفي نفسه، وهي دراسة توحي من عنوانها أنها دراسة موسعة لحضور الاستعارة المعرفية في الشعر العُماني المعاصر، خاصة عندما نقارنها بالدراسات السابقة التي قاربت ديواناً واحداً.

وهكذا حلل الناقد أربعة عشر ديواناً، لسبعة شعراء عُمانيين معاصرين هم: (هلال الحجري، وسعيدة خاطر، وسعيد الصقلاوي،

وحسن المطروشي، وخالد المعمري، وشميسة النعمانية، وطلال النوتكي).

وانطلاقاً من كتاب «الاستعارات التي نحيا بها» لكل من لايكوف وجونسون، تبنى الباحث تقسيم الاستعارات الكبرى أو أنساق الأنساق إلى ثلاثة أقسام؛ هي: الاستعارات البنيوية، والاستعارات الاتجاهية، والاستعارات الأنطولوجية. وجاءت نتائج تحليله للشعر العُماني المعاصر وفق التصور الآتي:

* الاستعارات البنيوية، وتندرج تحتها: استعارات الحياة، واستعارات الإنسان، واستعارات الحب، من قبيل: (الحياة كتاب – الحياة رحلة – الإنسان طائر – الإنسان كتاب – الإنسان الحب مطر – الحب رحلة – الحب نار – الحب بحر... إلخ).

* الاستعارات الاتجاهية، وتندرج تحتها أنساق استعارية مثل: (الأب فوق – النخبة فوق والأغلبية تحت – الحب في الأعلى – المرأة أعلى – المستقبل في الأمام... إلخ).

* أما الاستعارات الأنطولوجية، فقسمها الباحث إلى نسقين كبيرين: استعارات الكيان والمادة، وتندرج تحتها استعارات، من قبيل: (الموسيقى كيان – الصمت والكلمات كيانان – استعارة الماء – المشاعر كيانات... إلخ)، واستعارات الوعاء، وتندرج تحتها استعارات مثل: (الأقاليم الأرضية وعاء – القفر والفلوات أوعية – الإنسان وعاء – الليل وعاء ... إلخ).

والواقع أن فحص هذا الكتاب في ضوء نظرية الأنساق التي

نتبناها هنا، وفي ضوء النظرية المعرفية التي يتبناها، تقودنا إلى السؤال الآتي: كيف يمكن أن نتحدث عن أنساق استعارية يفترض فيها الاختزال، الذي يوحد نظرتنا للشعر العُماني المعاصر، من خلال عشرات الاستعارات التي أحصاها الباحث في كتابه؟

في الإجابة عن السؤال الأول، نلاحظ أن الشاعر قد حلل الاستعارات تحليلاً جزئياً منفصلاً، لم يراع فيه ترددها وتكرارها عند الشعراء السبعة الذين حلل أشعارهم، إنه على سبيل المثال يكتفي بمثال واحد للشاعر حسن المطروشي، للبرهنة على حضور استعارة «الحياة رحلة»، وهي قوله: (اصحبيني إن هذا الباب مفتوح....)[65]، ويتخذ الإجراء نفسه مع استعارة: (الإنسان طائر)، وهي قوله:

«...حين أولد أمشي

وحين أموت أطير»[66].

وهكذا فعل مع كل الاستعارات التي ذكرها، تناول كل واحدة منها في صفحة أو صفحتين مكتفياً بمثال منعزل من قصيدة أو قصيدتين، وهذا يجافي روح النظرية المعرفية التي تبحث في الأنساق الفكرية التي توحد الجماعات البشرية، فكان عليه البحث في الأنساق الفكرية الاستعارية الثابتة والمتكررة والتي يتوحد حولها الشعراء العُمانيون.

وكل هذا يجعل عمل جمال الحراصي، بعيداً عن الأنساق التي تعد ركيزة أساسية في النظرية المعرفية التي تبناها على المستوى النظري.

3 – 1 – الأنساق اللغوية: التركيبية والمعجمية:

خلافاً للتصوير الفني، وللإيقاع، اللَّذَيْنِ حظيا بالنصيب الأوفر، في مقاربة النقاد لشعرية القصيدة المعاصرة، يأتي الجانب اللغوي الثالث، المتعلق باللغة والتركيب في المرتبة الثالثة بعدهما، وقد ظل تناولهما في الأغلب، تابعاً لهذين العنصرين المهيمنين، هذا على الرغم من الأهمية التي حظي بها التركيب اللغوي/ النحوي في البلاغة العربية، من قبيل نظرية النظم، التي بسطها الجرجاني في كتابه «دلائل الإعجاز»، راصداً شعرية تراكيب العربية ووظائفها التداولية، من قبيل: القصر والاختصاص، والنفي، والفصل والوصل، والتقديم والتأخير، والاستفهام، والتوكيد، والإسناد... إلخ[67]، على الرغم أيضاً من أهمية التركيب في «نظرية الانزياح»، لجان كوهن، وقد أشرنا إلى هذه المسألة في مدخل هذه الدراسة.

أ – انزياحات التركيب الشعري:

كان كمال خير بك، من النقاد الأوائل الذين قاربوا النسق اللغوي التركيبي للشعر الحديث والمعاصر؛ حيث بحث في «الجملة الشعرية في الإنتاج الشعري الحديث»، وساعده في ذلك، الانفتاح المبكر على النظريات الشعرية الغربية، خاصة نظرية الانزياح عند كوهن، التي أحال عليها أكثر من مرة، في كتابه، مما مكنه من إجراء مقارنة بين تركيب الجملة في لغة الشعر مقارنة باللغة المعيار، فقاده ذلك إلى تسجيل ملاحظة أساسية، وهي أن الشعر يعتمد «نمطاً فوضوياً» في استعمال التراكيب اللغوية، يقوم على إذابة الجمل، واستبعاد الحدود

الفاصلة بينها .. في غياب أدوات العطف، للتحديد البنائي والمنطقي...
كما نجد لدى أنسي الحاج:

«الضرب يثير الجلدَ الجلدُ يثير الضرب

الفجيعة القشعريرة» [68].

كما رصد الباحث: «تراجع الفعل، وسيادة الجملة الاسمية وشبه الجملة»، معللاً هذه المسألة بميل الشعر الحديث إلى «التخلص من التعابير الخطابية، الندائية، والتفسيرية التي يزخر بها الشعر الكلاسيكي»، وإلى رغبة الشاعر في تكريس «الجملة الفوضوية.. التي عرفت بها الدادائية أو السريالية» [69].

وعلى الرغم من هذه الإشارات المبكرة للتركيب اللغوي التي تضمنها كتاب كمال خير بك – ظهر أول مرة سنة 1978 – فإن النماذج المحدودة التي حللها، والتي جاءت عبارة عن مقاطع قصيرة منعزلة، لم تكن مقنعة لاستنتاج أنساق تركيبية يمكن تعميمها على الشعر المعاصر.

ومن أبرز الكتب النقدية التي اهتمت بالتركيب النحوي في علاقته النسقية بمكونات الخطاب الشعري، نجد كتاب «اللغة في شعرية محمود درويش»، للباحث سفيان الماجدي، تناول فيه نسقين تركيبيين في شعر محمود درويش، النسق الأول يتعلق بظاهرة التقديم والتأخير، والنسق الثاني يتعلق بالجملة الاعتراضية.

حلل الباحث على المستوى الأول أمثلة لتقديم الجار والمجرور

على الفعل أو الفاعل أو هما معاً، وتقديمهما على الخبر، وتقديم الظرف والمضاف إليه على الفاعل... إلخ، وقد ربط هذه الحالات التركيبية، بالوظيفة التي تؤديها في نسيج النص، من قبيل حديثه عن تقديم الفاعل على الفعل، الذي يأتي: «لتأدية غاية دلالية أو جمالية، كالتركيز على الحدث، أو خلق نوع من الترقب لمعرفة الفاعل» [70].

كما جاء تحليله للجملة الاعتراضية، منصهراً في البناء الدلالي للنص؛ حيث «تتعرض عناصر الجملة الفعلية (الفعل والفاعل والمفعول به)، إلى نوع من التحريك الأفقي، الذي يتيح الاشتغال أمام عناصر جديدة، تقع معترضة، بين تلك العناصر الأولى» [71].

وشغل البحث في الضمير النحوي في قصائد الشعر المعاصر اهتمام بعض النقاد [72]، ويمكن أن نكتفي في هذا السياق، بنموذج شربل داغر، الذي قسم القصيدة العربية المعاصرة، حسب الضمير النحوي إلى نوعين:

ـ قصيدة المتكلم:

وقد اتخذ الباحث من قصيدة «صبر»، لألبرت أديب، وقصيدة «تصفية» لكمال خير بك، وقصيدة «مولد» لنصوح فاخوري، نماذج للتحليل، مسجلاً في هذا النوع من القصائد الخصائص الآتية: (محورة الجمل النحوية التركيبية على الجهة الناطقة ـ هيمنة الخطاب المونولوجي ـ انتقال ضمير المفرد المتكلم إلى ضمير الجماعة المتكلمين، ـ توظيف المواد الحكائية ـ التعبير عن هموم وجودية وأيديولوجية ...) [73].

ـ قصيدة التخاطب:

وقد رصدها الباحث من خلال تحليل قصيدة «إليك أغنيتي» لعزيزة هارون، وقصيدة «فتور» لسليم حيدر، وكان أهم ما أفرزه هذا النوع من الشعر تكريس صورة المرأة باعتبارها محور القصيدة[74].

ولعل أهم ما يمكن أن نأخذه على تحليل شربل داغر، لاستعمالات الضمير في الشعر المعاصر، هو محدودية القصائد التي حللها، والتي أخذها من أعداد مجلة «شعر»، ومجلة «مواقف»، ومجلة «الآداب» نشرت من بداية الخمسينات إلى سنة 1970، وهي قصائد جاءت منعزلة عن سياقها وعن دواوينها الشعرية، فلا يمكن أن نتخذها نماذج لتحديد أنساق الشعر في ضوئها.

ب ـ النسق المعجمي في الشعر العربي المعاصر:

1 ـ ب ـ اللغة المحكية:

كتبت نازك الملائمة في مقدمة ديوانها «شظايا ورماد»: «الشعر وليد أحداث الحياة.. اللغة إن لم تركض مع الحياة ماتت»[75].

وقد التقط محمد النويهي هذه الإشارة، متبنياً رأي إليوث، رابطاً الشعر العربي المعاصر باللغة المحكية[76].

في هذا السياق، سجل كمال خير بك، «تطعيم القصيدة باللغة المحكية»، المبنية على اللغة العامية أو اللهجات المحلية، كاستقدام كلمات عامية جديدة من قبيل (مسخرة، وباص، ونرجيلة...)[77]، ومن

قبيل إلحاق أداة التعريف (أل) بأسماء الإشارة «فبدلًا من القول (الواحة التي هناك)، يفضل بعض الشعراء القول: (الواحة الهناك)... إلخ» [78].

وقد نبه الباحث سفيان الماجدي، في دراسته للغة محمود درويش: «الحضور اللافت للألفاظ العامية في أعماله»؛ وذلك من قبيل قوله:

«صوتك الشفاف كم لف، وكم لف حكايا

عن مشاوير شباب.. وصبابات صبايا».

حيث «نتوقف في هذين البيتين عند الألفاظ الآتية: لف، وحكايا، ومشاوير، وصبايا، فهي ألفاظ ارتبطت بالعامية، وحملت مدلولات من الحياة العامة» [79].

وحصر الباحث من الألفاظ العامية الأخرى عند درويش، كلمات (متراس، جزمة، دبابيس، مرمية، القمباز، ناطور، زوادة...إلخ) [80].

والواقع أن هذا الاتجاه نحو اللغة الشعرية المستمدة من الكلام المألوف، لا تسنده النظريات الشعرية الحديثة التي تربط لغة الشعر بالانزياح، وخرق معايير اللغة المألوفة، كما لا تسنده البلاغة العربية في صورتها المتطورة عند الفلاسفة المسلمين وعبد القاهر الجرجاني، وحازم القرطاجني، الذين ألحوا كلهم على الغرابة و«التغيير»، والنأي عن اللغة المألوفة، في نظرتهم للصورة الشعرية، كما بينا في مدخل هذه الدراسة. ولهذا وجه أدونيس سهام نقده لهؤلاء النقاد الذين يدعون إلى اعتماد اللغة المألوفة في الشعر، ما دام الشعر يقوم على لغة الإشارة لا على لغة الإيضاح [81].

2 – ب – الحقول الدلالية:

يرصد كمال خير بك، تحولات المعجم في الشعر العربي المعاصر، مقارنة بالتيارين الكلاسيكي والرومانسي، معتمداً في هذا الصدد منهجية إحصائية، استخرج من خلالها عشرات الكلمات المنتمية إلى معجم (العبث، والفراغ، والعدم، والشك، والقلق، والضجر، والانعزال، والعجز، والعبودية، والسفر، والهروب، والاستسلام، والحزن، واليأس، والفشل، والتطهير، والتحدي، والرفض، والنضال والخصب، والرجاء، والنصر) [82].

ووفق المنهجية الإحصائية نفسها، رصدت الباحثة هند أديب تجليات المعجم في شعر سعيد عقل، وانتهت إلى أن ثمة أنساقاً معجمية كبرى تتمحور حولها لغته، وهي: الحقل الدلالي للحب، والحقل الدلالي للطبيعة والأرض، والحقل الدلالي للكون [83].

وانتهت الباحثة بعد هذا التقسيم إلى أن الحقول الدلالية العسقلية، تشتغل وفق نسق موحد، «خالقة بذلك شبكة صلات معقدة جداً، وذات بناء دقيق للغاية؛ بهدف تأسيس توجه خيالي متماسك لدى الشاعر» [84].

وقد كان للظاهرة التناصية، التي هيمنت على الشعر المعاصر، أثرها في المعجم، الذي دار حول استحضار أسماء من التراث العربي والإنساني [85]، مما لا يتسع المقام لبسطه هنا.

2 – النقــد الموضوعاتي والنسـق في نقـد الشـعر العربي المعاصر:

يتميز النقد الموضوعاتي عن النقد البنيوي والأسلوبي، بخاصيته المنفتحة، التي تسعى إلى التركيز على «تيمات» الأعمال الشعرية، في ربطها بالمحيط الخارجي، ومن هنا فالنقد الموضوعاتي يزاوج بين الدراسة النصية وغيرها؛ كونه يقوم على نوع من حرية الناقد في تحديد الخلفيات الفكرية أو الأيديولوجية التي ينطلق منها، في تقاطع مع علم النفس، وعلم الاجتماع[86]. وهكذا يتأسس النقد الموضوعاتي على البحث في التيمات thémes أو الموضوعات أو الأفكار التي تنتظم في أشكال أنساق دلالية في العمل الأدبي[87].

بدأ الحديث عن الجانب الموضوعاتي في الشعر، مع الكتب الأولى التي قاربت الشعر العربي المعاصر؛ حيث وجدنا نازك الملائكة تفرد له باباً في القسم الثاني من كتابها «قضايا الشعر المعاصر»، قاربت فيه موضوع «الشعر والمجتمع»، و«الشعر والموت»[88]. وعالج عز الدين إسماعيل تيمات «المدينة»، و«الحزن» و«الالتزام والثورية»... إلخ[89].

ويمكن أن نميز في هذا الإطار بين اتجاهين اثنين:

* اتجاه موضوعاتي منغلق داخل الدلالة، وقد مثله – على سبيل المثال – إحسان عباس في كتابه «اتجاهات الشعر العربي المعاصر»[90]، وقد تمحور هذا الكتاب حول «تيمات»، أو موضوعات: «الزمن، والمدينة، والتراث، والحب، والمجتمع»، ظلت هي المنظار

الذي نظر به الباحث إلى الشعر وإلى الاتجاه الشعري؛ بحيث يجب أن تؤول جميع العناصر الأخرى – على ضآلتها في نظر الباحث – إلى تيمة من التيمات الموجهة للتجربة الشعرية برمتها، قال مثلاً: «أصيب حجازي بالمرض الذي عانى منه السياب، إزاء المدينة، ولكن تجربته لم تكن مزمنة، كانت مرحلية» [91]؛ بل إن إحسان عباس لا يتردد في نقد الدراسات التي انصبت على دراسة شكل الشعر المعاصر (لغة، وتركيباً، وإيقاعاً، وصورة...إلخ)، بدعوى أنها تقوم على نوع من التبسيط، يلغي دور الناقد، ويجعله ينطلق من معايير قبلية، يفرضها على الشعر فرضاً، على الرغم من أن هذا الشعر كثيراً ما يستعصي على التحليل والتفسير؛ حيث إن «الشاعر [المعاصر] على الرغم من المحاولات التجديدية، – إذا استثنينا قلة من الشعراء – لا يحتفل كثيراً بخلق المبنى الشعري الملائم وتطويره، وإنما هو أسير لحظة انفعالية تتخلق فيها القصيدة على ما هجس في نفسه من شكل مألوف، ولهذا كثُر الإنتاج الشعري دون أن يحمل سمات مميزة في البناء» [92].

* اتجاه موضوعاتي منفتح على البنيات الشكلية للشعر، ومن نماذج الاتجاه الكتاب المعنون: «الجسد في شعر محمود درويش: الأيروس والتاناتوس [93]»، وهو كتاب يندرج في صلب النقد الموضوعاتي، كما يصرّح الباحث منذ أول كتابه: «نعنى في هذا البحث بموضوع الجسد في نماذج من شعر محمود درويش» [94]؛ حيث اتخذ هذا الموضوع منطلقاً لـ: «قراءة منجز الحداثة الشعري ومتابعة أسئلته النقدية والشاعرية للحداثة الشعرية» [95].

والجديد في هذا الكتاب، هو ربط تيمة «الجسد»، بآليات اشتغال

النص الشعري الجمالية: اللغوية، والإيقاعية، والسردية... إلخ، ومن ذلك مثلاً حديثه، عن توجيه الجسد لمعجم النص الشعري[96]، وعن الشكل الملحمي الذي حضر به الجسد في شعر محمود درويش؛ حيث يحضر الجسد في السياق الملحمي/ السردي، موجهاً للأحداث، وفي «إطار صراع درامي تتنامى فيه الأحداث وتتواتر وتتكثف... »[97]،

كما يحضر الجسد عبر سياقات لغوية أخرى:

«عبر السياق الصوتي والتركيبي:

– عبر الصوت: يعمد الشاعر في العديد من المقاطع إلى تلخيص الأحداث وتكثيفها وإجمالها، فيتصرف بالحذف في الأغلب، وبهذا فإن إيقاع السرد في علاقته بالجسد يختلف في المدى الزمني للمتخيل، عن المدة التي يستغرقها السرد...

– عبر طريقة توزيع الأسطر في الكتابة: وهي طريقة تشبه الكتابة النثرية السردية والتضمين بإدخال حكاية وسط حكاية أخرى....

– عبر فتح السردي على الوصفي...

– عبر السياق التركيبي.. [من خلال] العلاقة الإسنادية: يحضر الجسد من خلال الفعل المسند إلى ضمير الأنا في كثير من القصائد»[98].

3 – النسق الأسطوري:

تستجيبُ الأسطورة للمفهومين اللذين بنيت عليهما هذه الدراسة،

أي: التخييل والنسق. فمن جهة تعد الأسطورة والأسطوري عملاً تخييلياً/ خيالياً imaginary / Fictious لا يمكن إثباته علمياً[99]؛ حيث اعتبرت الأسطورة من أبرز الأشكال التخييلية التي تجسّد العقل الجمعي اللاشعوري للشعوب[100]، كما اعتبرت «نوعاً من اللغة الشعرية»، و«روايات خرافية من أجل تفسير الكون ومصير الإنسان» أبدعتها «عقول شاعرية خيالية موهوبة»[101]. ومن جهة ثانية تنتظم الأساطير على الرغم من اختلافها، حول أفكار مشتركة؛ إذ إن «وظيفة خلق الأسطورة لا تفتقر إلى تجانس حقيقي. وكثيراً ما دهش الأنثروبولوجيون والإثنولوجيون؛ إذ وجدوا نفس الأفكار الأولية منتشرة في العالم كله في ظروف حضارية واجتماعية مختلفة»[102].

كان السيّاب من أوائل الشعراء الذين وظفوا الرموز الأسطورية في الشعر الحر، وكان ذلك نتيجة ما قرأه في كتاب الغصن الذهبي لجيمس جورج فرايزر، وما استلهمه من إليوث في نظرته للتراث «واستغلاله للدلالة الرمزية في الأسطورة»[103]، من دون أن ننسى أنه وجد أمامه تراثاً عربياً حافلاً بالأساطير (ألف ليلة وليلة، وكليلة ودمنة...إلخ) وتراثاً شعرياً رومانسياً، استثمر الرمز والأسطورة منذ الثلاثينات من القرن العشرين[104]. وقد عزا السيّاب اللجوء إلى توظيف الأساطير القديمة، إلى الرغبة في إيجاد عالم بديل، يتيح للشاعر الانعتاق من عالم: «لا شعر فيه... القيم التي تسوده لا شعرية والكلمة العليا فيه للمادة لا للروح... عاد [الشاعر] إلى الأساطير، إلى الخرافات التي ما تزال تحتفظ بحرارتها، لأنها ليست جزءاً من

هذا العالم، عاد إليها ليستعملها رموزاً، وليبني منها عوالم يتحدى بها منطق الذهب والحديد»[105].

وهكذا فتح السيّاب الطريق أمام الشعراء اللاحقين، لينوعوا توظيف الأساطير بمختلف مصادرها: العربية، واليونانية، والبابلية، والفرعونية... إلخ. وقد سجل عز الدين إسماعيل أن أكثر الرموز دوراناً عند الشعراء المعاصرين؛ هي: «شخوص السندباد وسيزيف وتموز وعشتروت وأيوب وهابيل وقابيل وأينياس والخضر وعنتر وعبلة وشهريار وهرقل»[106].

وتتفق الدراسات النقدية العربية على فكرة أساسية في النظر إلى توظيف الشعراء المعاصرين للأساطير القديمة، وهي أنهم أعادوا تشكيل هذه الأساطير لتتلاءَم، ومشاعرَهم النفسية، وتنصهرَ في الواقع المعاصر، مجسّدة الرؤيا الشعرية العامة، ومعاني موحدة يصدرون عنها، ويمكن في هذا السياق، رصد استعمال الشعراء المعاصرين للأسطورة وفق مسارين كبيرين:

*** المسار الأول، هو: مسار إعادة إنتاج الأساطير القديمة؛** حيث يتجاوز الشاعر «الاستخدام الساذج إلى التفاعل بوعي وعمق، [وينتقل] من رواية حدث الأسطورة إلى إعادة إنتاجها»[107]. وهكذا حَوَّل الشاعر خليل حاوي – مثلاً – أسطورة السندباد، لتحمل «رؤياه الداخلية»، ولتنتقل من رصد المعاناة الجسدية إلى المعاناة الروحية[108]. وفي هذا المسار يندرج البياتي، وهو يسائل شخصيات أسطورية وتراثية، من قبيل: أبي العلاء، والمتنبي، وبروميثيوس، وعطيل، ووضاح اليمن، وعائشة والحلاج والخيام...إلخ[109].

وقد لجأ: «صلاح عبد الصبور، إلى الإطار الرمزي، المستمد من التراث القومي أو العالمي، يصوغ فيه أفكاره، ويحدد به رؤيته للنفس والوجود» [110]، متخذاً بدوره من تحويل أسطورة السندباد إطاراً للتعبير عن رؤياه: «فمثلما كان السندباد – في مدلوله الحقيقي – نموذجاً لرغبة الإنسان في اكتشاف عالمه الخارجي، أصبح – في إيحائه الرمزي – نموذجاً لطموح إنسان العصر إلى اكتشاف ذاته، والوصول إلى اليقين أو ما يشبه اليقين» [111].

في هذا السياق، رصد الباحث عبد الرضا علي، في الكتاب الذي خصصه لـ «الأسطورة عند السيّاب»، ثلاث تقنيات، لتجديد الأسطورة عند الشاعر، وهذه التقنيات؛ هي:

– **التوحد**: حيث يجعل الشاعر الأساطير، معبرة عن عذابه وآلامه، من قبيل استلهامه لشخصية «المسيح» في قصيدة «المسيح بعد الصلب»، وشخصية «تموز» في قصيدته «تموز جيكور» [112].

وقد بيّن محمد فتوح أحمد كيف انتقل السيّاب من مرحلة الأسطورية الموضوعية، إلى مرحلة الأسطورية الذاتية؛ كانت الأسطورة في المرحلة الأولى معبرة عن تجربة قومية أو حضارية، واستعمل الشاعر في هذه المرحلة أسطورة أساسية، هي أسطورة «تموز وعشتار» [113] التي تجسّد جدلية الموت والانبعاث. أما المرحلة الثانية، الذاتية، فمرحلة أيوبية: «وترتبط بالعذاب الفردي الذي يهتصر الشاعر» [114].

– **قلب الأسطورة**: ومن أمثلته عند السيّاب قصيدته: «جيكور

والمدينة»»، التي يتحول فيها موت تموز «الدال على الحياة والنماء، اندحاراً واستسلاماً وخيبة»» [115].

– **المزج بين الأساطير**: ومن أمثلته ما جاء في قصيدة «مرحى غيلان»» للسيّاب؛ حيث يتداعى خياله الحالم، ليجمع بين تموز البابلي، وبعل الفينيقي، وسيزيف اليوناني، في حالة شبه متفردة، من قبيل قوله:

«أنا قرار بويب أرقد، في فراش من رماله،

من طينه المعطور، والدم من عروقي في زلاله

ينثال كي يهب الحياة لكل أعراق النخيل

أنا بعل: أخطر في الجليل.....

سيزيف يرفعها فتسقط للحضيض مع انهيارك»» [116].

وقد انتقد أنس داود هذا التكثيف، واستدعاء أكثر من رمز شعري، على اعتبار أن هذا الإجـراء: «يوهن من القدرة على الإيحاء... فالدلالة هنا تتبدد أمام هذا الزحام الذي قد يكون غير متناسق من الإشارات»» [117].

* **المسار الثاني هو: المسار الابتداعي**، ووفق هذا المسار يتجاوز الشاعر النطاق الذي تتيحه الأساطير القديمة، ليبتدع أسطورته الشخصية، وكان السيّاب قد ألمح، في تقديمه لمختاراته الشعرية، إلى أن الشاعر، يمكن «أن يخلق أساطير جديدة، وإن كانت محاولاته في خلق هذا النوع من الأساطير قليلة حتى الآن»» [118]. ويعد

السيّاب رائداً في هذا النوع من التوظيف الرمزي والأسطوري، فقد كان «منتج رموز خصباً، وكانت رموزه الشخصية ثرية، لكنها متجاورة... كثيرة هي رموز السيّاب: جيكور، بويب، منزل الأقنان، حفار القبور، الحسن البصري، المخبر، المومس العمياء. لكن رموزه الثلاثة الأولى، تظل أهم رموزه الشخصية وأكثرها ترداً في شعره» [119].

ويرتبط ابتداع الأساطير بخلق رموز طبيعية يشحنها الشاعر برؤياه: مثل ما فعل السيّاب بكلمة «مطر»، في قصيدة (أنشودة المطر)، ومثل (الجليد) عند حاوي، في قصيدة (بعد الجليد)، ومثل (البحر) عند يوسف الخال في قصيدة (الدعاء) ومثل «الغسق» عند أدونيس في قصيدة (إسماعيل)» [120].

وتجمع الدراسات التي حللت الأساطير في الشعر المعاصر، أنها موجهة برؤيا الشاعر المستقبلية؛ حيث يحضر الزمن المستقبلي المأمول بديلاً عن الحاضر المجسّد للمأساة؛ وحيث تكمن وظيفة الأسطورة في توجيه الزمن الماضي الأسطوري بكل حمولته الرمزية نحو المستقبل؛ حيث إن «إيقاع القصيدة هو إيقاع المستقبل، يستخدم الماضي الأسطوري في الحاضر، وهذا بدوره يؤدي إلى الرؤيا المستقبلية المنتظرة.. هذا المنحى كان جزءاً من التوجه العربي العام في التخلص من نير التخلف والانحطاط والسلبية باتجاه الفاعلية والبناء الحضاري» [121].

وقد حرصت بعض الدراسات على خلق علاقات بين الأسطورة،

وبين باقي المكونات الشكلية للقصيدة، وفي هذا الإطار يمكن أن ندرج تحليل خالدة سعيد، لقصيدة «النهر والموت»، التي قاربت فيها الرمزية الأسطورية لجدلية الحياة والموت في علاقتها بصيغة الخطاب (ضمير الغائب والمتكلم) والمعجم (هيمنة معجم الماء)[122]، وبالإيقاع الشعري، والتوازي بين الثنائيات الضدية؛ حيث تتحرك القصيدة في مستويين: مستوى الحلم والأسطورة، أو مستوى اللاوعي، والمستوى الاجتماعي الواقعي أو مستوى الوعي[123]. وقد انتهت الباحثة إلى تأكيد نسقية الخطاب في القصيدة؛ حيث تنصهر الأسطورة في نسيج النص: دلالةً، ومعجماً، وتركيباً، وإيقاعاً، وصوراً[124].

الهوامش:

1 – Varga A. Kibédi, Les constantes du poéme. Analyse du langage poétique, édition A. et J. Picard, Paris, 1977, p. 14.

2 – يعرّف العمري، محمد الوزن، بأنـه: «ذو طبيعة تجريدية، مكون من توالي الحركات والسكنات».

العمـري، محمـد تحليل الخطاب الشـعري، البنيـة الصوتية في الشـعر (الكثافة. الفضاء. التفاعل)، الدار العالمية للكتاب، الدار البيضاء، ط1، 1990، ص 11).

3 – Varga A. Kibédi, p. 16.

4 – العمري، محمد تحليل الخطاب الشعري، ص 13.

5 – Varga A. Kibédi, Les constantes du poéme, pp. 15 – 16.

6 – نـازك الملائكة، قضايا الشـعر المعاصر، دار العلـم للملايين، بيروت، ط4، 1974، ص 72.

7 – نفسه، ص 78 – 84.

8 – نفسه، ص 89.

9 – النويهي، محمد قضية الشـعر الجديد، جامعة الدول العربية، معهد الدراسات العربية العالمية، 1964، ص 141.

10 – عياد شـكري، محمد موسيقى الشعر العربي، (مشروع دراسة علمية)، دار المعرفة، القاهرة، ط2، 1978، ص 60.

11 – النويهي، محمد قضية الشعر الجديد، ص 145 – 151.

12 – نفسه، ص 235 – 243.

13 – خير بك كمال، حركة الحداثة في الشعر العربي المعاصر، المشرق للطباعة والتوزيع، ط1، 1982، ص 323 – 347.

14 – قـال أنيـس، إبراهيـم في تفسـير مفهوم النبـر وتحققاته في اللغـة العربية: «موضـع النبـر في الكثرة الغالبة مـن كلمات اللغة العربية هـو المقطع الذي قبل الأخير، ففي يكتُب» و«مسـتفهِمٌ» نجـد النبر على المقطع [تُ]، في يكتُب، وعلى المقطع [هِـ] في مستفهم».

(أنيـس، إبراهيـم الأصوات اللغويـة، مكتبة الأنجلو المصريـة، ط5، 1975، ص 257).

15 – نفسه، ص 144 – 159.

16 – أبو ديب كمال، في البنية الإيقاعية للشعر العربي، نحو بديل جذري لعروض الخليل، ومقدمة في علم الإيقاع المقارن، دار العلم للملايين، ط1، بيروت، 1974، ص 236.

17 – المعـداوي، أحمد أزمة الحداثة في الشـعر العربي الحديث، منشـورات دار الآفاق الجديدة، الرباط، المغرب، ط1، 1993، ص 32.

18 – أدونيس، قصيدة النثر، مجلة شعر، بيروت، العدد 14، 1960.

19 – الورقـي، سـعيد، لغة الشـعر العربـي الحديث، مقوماتها الفنيـة وطاقاتها الإبداعية، دار النهضة العربية، بيروت، ط3، 1984، ص 215 – 221.

20 – يمكـن أن نذكـر من الكتـب النقدية التي قاربت الشـعر المعاصر من زاوية الرؤية، الباحثة هند أديب، التي رصدت «البنى العروضية في شعر سعيد عقل»، في كتابها: (شـعرية سعيد عقل، دار الفارابي، بيروت، لبنـان، ط1، 2010، ص 27 – 85).

21 – نذكر من النقاد الذين انتقدوا قصيدة النثر:

– نازك الملائكة: قضايا الشعر المعاصر، ص 130 – 134.

– النويهي، محمد قضية الشعر الجديد، ص 27 – 38.

– حجازي أحمد عبد المعطي: قصيدة النثر أو القصيدة الخرساء، كتاب مجلة دبي الثقافية، نوفمبر، 2008، ص 20 – 25.

– عز الدين إسماعيل، الشعر العربي المعاصر قضاياه وظواهره الفنية والمعنوية، دار الفكر العربي، ط3، 1966، ص 65.

22 بنيس، محمد، الشعر العربي الحديث. بنياته وإبدالاتها، 3 ــ الشعر المعاصر، دار توبقال للنشر، الدار البيضاء، ط2، 2001، ص 109.

23 مفتـاح، محمد، التشـابه والاختلاف، نحـو منهاجية شـمولية، المركز الثقافي العربي، بيروت ــ الدار البيضاء، 1996، ص 97.

24 ــ نحيل على سبيل المثال ــ على الكتابين الآتيين:

ــ الغرفـي، حسـن التشـكيل الإيقاعي في شـعر محمود درويش، البدوي للنشـر والتوزيع، تونس، ط1، 2015.

ــ رجاء بنحيدا، شـعرية الإيقاع من تشـكيل الدلالي إلى موسيقى البصري، مركز ابن غازي للأبحاث والدراسات الاستراتيجية، عالم الكتب الحديث، الأردن، ط 1، 2020، ص 127 ــ 233.

وقد رصت الباحثة في الباب الثاني من كتابها مظاهر الوزن العروضي والإيقاعي في شعر أمل دنقل.

25 ــ كنونـي، محمد شـعرية القصيدة المعاصرة. دراسـة أسـلوبية، عالم الكتب الحديث، عمّان، الأردن، ط 1، 2010، ص 76.

26 ــ نفسه، ص 77.

27 ــ نفسه، ص 85.

28 ــ نفسه، ص 112 ــ 126.

29 ــ نفسه، ص 147 ــ 160.

30 ــ نفسه، ص 174.

31 ــ نفسه، ص 178 ــ 192.

32 ــ مفتاح، محمد مفاهيم موسـعة لنظرية شـعرية، اللغة ــ الموسيقى ــ الحركة، الجزء الأول: مبادئ ومسارات، المركز الثقافي العربي، الدار البيضاء ــ بيروت، ط1، 2010، ص 210.

33 ــ نفسه، ص 265.

34 ــ نفسه، 2010، ص 324.

35 ــ نفسه ص 307.

36 ــ نفسه، ص 324.

37 – Henri Meschonnic, Pour la Poétique I. pp. 101 – 102.

38 – الولي، محمد الصورة الشعرية في الخطاب البلاغي والنقدي، ص 11.

39 – نفسه. ص 10.

40 – القط، عبد القادر، الاتجاه الوجداني في الشعر العربي المعاصر، مكتبة الشباب، القاهرة، 1988، ص 391.

41 – اليافي، نعيم، تطور الصورة الفنية في الشعر العربي الحديث، صفحات للدراسات والنشر، دمشق، سوريا، ط1، 2008.

42 – نفسه، ص 30.

43 – نفسه، ص 47. هذا وقد قسم الباحث الصور التقليدية حسب الاتباع والإبداع، إلى ثلاثة أنماط: طراز جاهز، وطراز حرفي، وطراز زخرفي (نفسه، ص 61 – 81).

44 – نفسه، ص 38 – 44.

45 – نفسه، ص 153. – 183.

46 – نفسه، ص 260 – 295.

47 – نفسه، ص 260 – 287.

48 – أديب، هند، شعرية سعيد عقل، ص 96.

49 – نفسه، ص 112.

50 – نفسه، ص 107.

51 – عقل، سعيد، شعره والنثر، المجلد الثاني، ديوان رندلى، دار نوبليس، بيروت، لبنان، ط5، 1991، ص 44.

52 – أديب، هند، شعرية سعيد عقل، ص 128.

53 – العامري، ياسر فضل صالح، قصيدة النثر شعريتها وتحولاتها الفنية، نور حوران للدراسات والنشر والتراث، دمشق – سوريا، ط1، 2020، ص 219 – 220.

54 – نفسه، ص 221 – 223.

55 – نحيل في هذا الصدد على ترجمة الولي، محمد لكتاب الاستعارة الحية لريكور، بول وعلى كتبه:

ـ الاستعارة في محطات يونانية وعربية وغربية، منشورات دار الأمان، الرباط، ط1، 2005.

ـ الصورة الشعرية في الخطاب البلاغي والنقدي، المركز الثقافي العربي، بيروت/الدار البيضاء، المغرب، ط1، 2000.

ـ فضاءات الاستعارة وتشكلاتها، في الشعر والخطابة والعلم والفلسفة والتاريخ والسياسة، فالية للطباعة والنشر، بني ملال، المغرب، ط 1، 2020.

56 ـ الولي، محمد استعارات الفروسية لأحمد المجاطي، ضمن كتاب: الخطابة والحجاج، فالية للطباعة والنشر والتوزيع، بني ملال، المغرب، ط1، 2020، ص 213.

57 ـ نفسه، ص 224.

58 ـ نفسه، ص 239.

59 ـ نفسه، ص 241 ـ 242.

60 ـ الحنصالي، سعيد، الاستعارات والشعر العربي الحديث، دار توبقال للنشر، الدار البيضاء، ط1، 2005، ص 34 ـ 161

61 ـ نفسه، ص 15.

62 ـ نفسه، ص 239 ـ 243.

63 ـ نفسه، ص 278 ـ 292.

64 ـ الحراصي، جمال، الاستعارات المعرفية. دراسة في قصيدة التفعيلة العُمانية، الجمعية العُمانية للكتّاب والأدباء، مسقط، سلطنة عُمان، ط1، 2021.

65 ـ الحراصي، جمال، الاستعارات المعرفية. دراسة في قصيدة التفعيلة العُمانية، ص 88.

66 ـ نفسه، ص 98.

67 ـ الجرجاني، عبد القاهر دلائل الإعجاز، ص 106 ـ 248. وص 315 ـ 358.

68 ـ خير بك، كمال، حركة الحداثة في الشعر العربي المعاصر، ص 150 ـ 151.

69 ـ نفسه، ص 158 ـ 159

70 ـ الماجدي، سفيان، اللغة في شعرية، محمود درويش، ص 163.

71 – نفسه، ص 165.

72 – نذكــر مــن هذه الدراســات التــي رصدت اســتعمالات الضمير في الشــعر المعاصر:

– عشري، علي زايد، استدعاء الشخصيات التراثية في الشعر العربي المعاصر، دار الفكر العربي القاهرة، 1997، ص 209 – 215.

– كنوني، محمد شعرية القصيدة المعاصرة، ص 261 – 313.

73 – داغر، شــربل الشــعرية العربية الحديثة. تحليل نصي، دار توبقال للنشــر، الدار البيضاء، ط1، 1988، ص 69 – 89.

74 – نفسه، ص 103 – 104.

75 – نــازك الملائكة، مقدمة ديوان شــظايا ورماد، ضمن: ديوان نازك الملائكة، المجلد الثاني، دار العودة، بيروت، 1977، ص 7 – 10.

76 – بنيــس، محمــد، الشــعر العربي الحديــث. بنياتــه وإبدالاتها، ج 3، الشــعر المعاصر، ص 81.

77 – خير بك، كمال، حركة الحداثة في الشعر العربي المعاصر، ص 138.

78 – نفسه، ص 155.

79 – الماجدي، سفيان، اللغة في شعرية محمود درويش، دار توبقال للنشر، الدار البيضاء، ط1، 2017، ص 138.

80 – نفسه، ص 140 – 141.

81 – أدونيس، مقدمة للشــعر العربي، دار العودة بيروت، ط 3، 1979، ص 125 – 126.

82 – خير بك، كمال حركة الحداثة في الشعر العربي المعاصر، ص 140 – 141.

83 – أديب، هند شعرية سعيد عقل، ص 241 – 265.

84 – نفسه، ص 266.

85 – الماجدي، سفيان اللغة في شعرية محمود درويش، ص131 – 137.

86 – لحمداني حميد، سحر الموضوع. عن النقد الموضوعاتي في الرواية والشعر، منشــورات دراسات سيميائية أدبية ولســانية، (دراسات سال)، فاس، المغرب، ط 2، 199، ص 27 26.

87 – نفسه، ص 28 – 29.

88 – نازك الملائكة، قضايا الشعر المعاصر، ص 285 – 305.

89 – عز الدين إسماعيل، الشعر العربي المعاصر، ص 325 – 415.

90 – عباس إحسان، اتجاهات، الشعر العربي المعاصر، سلسلة عالم المعرفة، العدد2، المجلس الوطني للثقافة والفنون والآداب، الكويت، فبراير 1978.

91 – نفسه، ص 96 – 97.

92 – نفسه، ص 167.

93 – الإيروس يعني إله الحب عند اليونان، ويرمز إلى الرغبات الجنسية والعواطف الشديدة. أما التاناتوس، فقد عرّفه الناقد بأنه الجسد المعطوب أو المعطل بالموت أو بغيره من مرجع أو سلطة بأنواعها.

(سامي نصر، الجسد في شعر محمود درويش الأيروس والتاناتوس، دار كنوز المعرفة للنشر والتوزيع، عمّان، الأردن، ط1، 2015، ص 123)

(ويمكن أن نذكر من الدراسات الموضوعاتية المنفتحة على الشكل الشعري، الدراسة المعنونة: المدينة في الشعر العربي المعاصر، أبو غالي، مختار علي، سلسلة عالم المعرفة، المجلس الوطني للثقافة والفنون والآداب، الكويت، عدد 196، إبريل، 1995).

94 – نصر، سامي الجسد في شعر محمود درويش، ص 13.

95 – نفسه، ص 14.

96 – نفسه، ص 95 – 99.

97 – نفسه، ص 94.

98 – نصر، سامي الجسد في شعر محمود درويش الأيروس والتاناتوس، دار كنوز المعرفة للنشر والتوزيع، عمّان، الأردن، ط1، 2015، ص 83 – 93.

99 – David Alan Herzog, Webster's New Word, Essentiel Vocabulary, Wiley, Hobooken, NJ, Canada . 2009. p.164 .

100 – ستانلي، هايمن النقد الأدبي ومدارسه الحديثة، ترجمة: عباس، إحسان ونجم، محمد يوسف دار الثقافة، بيروت، 1985 ج2/ ص 207 – 210.

101 – علي، عبد الرضا، الأسطورة في شعر السيّاب، وزارة الثقافة والفنون،

سلسلة دراسات (147)، الجمهورية العراقية، 1978، ص 14.

102 ــ كاسرر أرنست، مدخل إلى فلسفة الحضارة الإنسانسة أو مقال في الإنسان، ترجمة: عباس، إحسان دار الأندلس، بيروت ــ نيويويورك، 1961، ص 142.

103 ــ فتـوح محمد أحمد، الرمز والرمزية في الشـعر المعاصر، دار المعارف، القاهرة، ط2، 1984، ص 289.

104 ــ نفسه، ص 185 ــ 201.

105 ــ الغرفي، حسـن، كتاب السـيّاب النثري، جمع وإعـداد وتقديم، مطابع دار الثورة للصحافة والنشر، بغداد، 1986، ص 68 ــ 69.

106 ــ عز الدين إسـماعيل، الشـعر العربـي المعاصر قضايـاه وظواهره الفنية والأسلوبية، ص 202.

107 ــ العلاق، علي جعفر، في حداثة النص الشعري. دراسة نقدية، وزارة الثقافة والإعلام، دار الشؤون الثقافية العامة، بغداد، 1990، ص 58.

108 ــ نفسه، ص 61.

109 ــ نفسه، ص 69 ــ 74.

110 ــ فتوح محمد، أحمد الرمز والرمزية في الشعر المعاصر، ص 276.

111 ــ نفسه، ص 280.

112 ــ علي، عبد الرضا، الأسطورة في شعر السياب، ص 127 ــ 131.

113 ــ فتوح محمد، أحمد الرمز والرمزية في الشعر المعاصر، ص 291 ــ 292.

114 ــ نفسه، ص 298 ــ 300.

115 ــ علي، عبد الرضا، الأسطورة في شعر السيّاب، ص 132.

116 ــ نفسه، ص 134 ــ 135.

117 ــ داود، أنس، الأسطورة في الشعر العربي الحديث، ص 241 ــ 242.

118 ــ الغرفي، حسن، كتاب السيّاب النثري، ص 69.

119 ــ العلاق، علي جعفر في حداثة النص الشعري. دراسة نقدية، ص 63.

120 ــ حلاوي، يوسـف، الأسـطورة في الشـعر العربي المعاصر، دار الآداب، بيروت، ط1، 1994، ص 340.

121 ــ نفسه، ص 80.

122 ــ خالدة، سـعيد، حركية الإبداع، دراسـات فـي الأدب العربي الحديث، دار العودة، بيروت، ط1، 1979، ص 144 ــ 145.

123 ــ نفسه، ص 163.

124 ــ نفسه، ص 189.

الفصل الثاني:

نظرية الشعر في الخطاب الشعري أو الشعر معبراً عن كينونته

(قراءة في الخيال المادي في شعر أدونيس ودرويش)

«أتخيَّلُ أيقونةً

يكون التخَيُّلُ فيها

شبكا من تراب وغيمٍ:

صورةً

تتحدَّرُ من ذُروات التخيُّلِ

في لغةٍ والهَةْ... ».

(أدونيس، الكتاب. المكان أمس الآن، ج2/ ص 609 – 610)

«قلتُ: ما الشِّعْرُ؟... ما الشِعْرُ في

آخر الأمر؟

قال: هو الحَدَثُ الغامضُ، الشعرُ

يا صاحبي هو ذاك الحنينُ الذي لا

يُفسَّرُ، إذ يجعلُ الشيءَ طيفاً، وإذْ

يجعلُ الطَّيْفَ شيئاً. ولكنه قد يُفَسِّرُ

حاجَتَنا لاقتسام الجمال العُمومّي.
(محمود درويش، لا تعتذر عمّا فعلت، ص 157)

ينتقد غاستون باشلار من يرومون البحث في حقيقة الخيال الشعري، بالاقتصار على الشكل دون المادة، ويرى – عكس ذلك – بأن البحث الحقيقي في منابع الخيال، يجب أن يبدأ من العناصر المادية الأربعة التي ألهمت الفلسفات التقليدية وعلماء الفلك القدماء، قال:

«وفي الحق، نظن أن بإمكاننا أن نثبت، ضمن إطار الخيال، قانون العناصر الأربعة التي تصنِّفُ مختلف ضروب الخيال المادية، بحسب ارتباطها بالنار، والهواء، والماء أو التراب»[1].

ويوضح ينيز باشلار الفرق بين «الخيال الصوري (الشكلي)»، الذي ينصرف إلى ما يجريه الخيال على [الشكل، واللون، والعمق، والكتلة...] من تحويلات، وبين «الخيال المادي»، الذي يسعى إلى كشف جوهر العناصر المادية للكون[2].

وننطلق في هذا الفصل من فرضية أساسية، وهي أن الشعراء العرب المعاصرين، قد بلوروا في أشعارهم، خطاباً نقدياً للشعر، انطلاقاً من فلسفة الخيال المادي، بشكل يوازي خطابهم الإبداعي وينصهر فيه، ويكمل الخطاب الشكلي الذي شيّده النقاد عن شعرهم، كما تبين لنا في الفصل الأول؛ ذلك ما أكده أدونيس في بيانه حول

الكتابة، قائلاً: «ليس الشكل عند الشاعر الحديث، في هذه الكتابة الجديدة صيغة كتابة، وإنما هو صيغة وجود... كأن اللغة هنا ليست المخلوقة؛ بل الخالقة» [3].

ويمكن القول: إن الشعراء قد بدأوا من حيث انتهى النقاد. منتقلين من الشعر إلى ما وراء الشعر، موجَّهين بخطاب ما بعد حداثي، يجعل الإبداع ينظر لذاته بمرآته الخاصة [4]، مما جسّده درويش في قوله:

«وهل أَنا هُوَ من يؤدِّي الدَّوْرَ

أَمْ أَنَّ الضحيَّة غَيَّرتْ أَقوالها

لتعيش ما بعد الحداثة، بعدما

انحَرَفَ المؤلّفُ عن سياق النصِّ» [5].

1 - النسـق الاستعاري وأنطولوجيا الشـعر (أَسْطَرَةُ الاستعارة):

شغل البحث عن أنطولوجيا الشعر، موضوعاً مركزياً في الخطاب الشعري العربي المعاصر، على اعتبار أن الأنطولوجيا Ontologie (علم الوجود)، بحث في جوهر الأشياء وحقيقتها في ذاتها. إنه بحث في الوجود الخالص المتجرد من الأحوال الخارجية للتجربة، يمكن اعتباره حلماً شعرياً راود الفلاسفة، يقترن بالميتافيزيقا وبالخيال أكثر من اقترانه بالواقع [6].

في هذا السياق حاول الخطاب الشعري العربي المعاصر، الوصول

إلى ماهية الشعر، عبر طرائقه الشعرية/ التخييلية، متناولاً الكثير من القضايا النقدية والشعرية الشائكة، لتحديد جوهره الطبيعي، وخاصيته الانزياحية؛ إذ من السمات المذهلة لدى شعرائنا المعاصرين أنهم تحدثوا عن حقيقة الشعر وماهيته من داخل الأنساق التخييلية ذاتها لا من خارجها، وهذا ما أتاح لهم حرية أكبر للتعبير، مقارنة بالخطاب النقدي الذي يشتغل داخل إكراهات الشروط العلمية للنظرية والمنهج.

وقد لاحظنا من خلال تتبع المدونة الشعرية لكل من أدونيس ودرويش، تردد أنساق استعارية جاءت متواترة عندهما، ممتدة عبر خطابهما الشعري، معبرة عن جوهر الشعر وحقيقته ووظيفته، ومن هذه الاستعارات:

الشعر شمس/ الشعر نور

الشعر ماء/ الشعر نبات

ليست هذه الاستعارات سوى امتدادات للأساطير المركزية في الشعر الحديث التي تمحورت حول جدلية الموت والحياة، والتضحية من أجل بعث واقع جديد (أسطورة تموز وعشتار[7]، وأسطورة بروميثيوس[8]، وأسطورة الفينيق[9]...إلخ)؛ حيث يحضر العنصر الطبيعي: الماء والنبات والنار والنور... للتعبير عن هذه الجدلية. وكان محمد العمري قد أشار إلى الأصول الأسطورية للاستعارة في الشعر، متحدثاً عمّا سمّاه «أسطرة الاستعارة»، التي تحولت إلى أسطورة صغيرة[10].

1 – 1 – استعارة: الشعر شمس/ الشعر نور:

«قليلٌ من البرد في جَمْرَةِ الجُلَّنار

يُخفِّفُ من لسعة النار في الاستعارة» [11].

هكذا يعلن محمود درويش عن لغته الشعرية الاستعارية المتوهجة، التي يعاني لهيبها، بعد أن اتخذها سلاحاً لتحرير اللغة وتحرير الوطن أيضاً. وبعد أن صهرها بأساطير النار التي تبعث الحياة من رماد احتراق الأشياء والكائنات فيها.

يدرك الشعراء أن كلامهم مختلف، وأنه انزياح عن معايير اللغة العادية، وفي هذا الصدد يرفض أدونيس ذلك التعريف، الذي يُبقي الشعر داخل نطاق اللغة وحدها، ليبحث عن الجوهر الكامن وراء اللغة الشعرية، منتقداً قواعد سيبويه، رافضاً أن تَؤُول لغة الشعر إلى قواعد النحو والصرف؛ وإذ يحاول أن يجد البديل، للتعبير عن حقيقة الشعر، لا يجد غير الضوء، النابع من أعماق النفس ليعطي للأشياء التي ننظر إليها شكلاً جديداً، مشبهاً القصيدة بالشمس، وبالماء، مبشرة بانبثاق المستقبل، مستقبل الحياة، ومستقبل الكلام نفسه. قال أدونيس:

«سأقولُ لهذا الموسوس، هذا الذي لقَّبوهُ

سيبويهِ: القصيدة، يا قارئي، رحيلٌ

خارج النحو والصرف، سيرٌ

في جميع الجهاتْ.

نَفَسٌ صاعدٌ من قرارة أحشائنا

يلابسُ أيامنا وأشياءنا

قلقا، زهرةٍ، حصاةٍ.

سأقولُ: القصيدةُ كالشمسِ، كالماءِ،

مستقبلٌ للكلامْ

لا تنامُ، ولا شيءَ في ضوئها ينامْ» [12] .

وكثيراً ما يوظف أدونيس استعارة الرحلة منصهرة في استعارة الضوء؛ إذ ليست الرحلة إلا رحلة القصيدة نفسها، الباحثة عن عالم آخر مختلف، عن مدينة غير مرئية، لا يجليها إلا الضوء، المنصهر بالعناصر المشكلة لكيمياء الشعر، إنه البحث عن «كيمياء الأحلام»؛ حيث المعدن حروف مضيئة، والأرض كلامٌ؛ وحيث المحاولة الدائبة من الشاعر، لمحو قتامة الحاضر وظلمته، عبر وصل الماضي – الماضي الأسطوري المضيء – بالمستقبل، الذي ستنبثق فيه المدينة المتخيَّلَة، قال:

«أتخيلُ أني صَنعتُ من الضوء مُهرأً،

ويممتُ وجهي شطر المدينةِ –

تلكَ التي لا نراها،

(قل السرُّ تاريخُها والهُيامْ).

أتخيل أنّي سرتُ إليها

وليس أمامي طريقٌ.

أتخيَّلُ: أصهر ما كان في ما يكونُ،

وقل معدني حروفٌ وقل أرضيَ الكلامُ» [13].

وعبر استعارة تمثيلية مركبة، ومتناسلة، يشبه أدونيس، رحلته البحرية مع الشمس، المتوحدة مع الشعر، وقد أصبحت نوره الذي يهديه في رحلته المجهولة، التي لم يحدد لها أرضاً ولا وطناً، مقتفياً آثار رؤاه الهاربة، جاعلاً الشعر ربانه، والمركبَ الزمنَ، في بحر متلاطم الأمواج:

«حملتُ شمسي وأيامي وأسئلتي

ورحتُ أستقرئ الدنيا، وأمتحنُ

لا أرض، لا وطنُ

إلا رؤايَ – تزور المجدَ، ترسمهُ

بحراً وتوغلُ فيهن تستضيء به

الشعر ربانها، والمركبُ الزمنُ» [14].

وفي هذا النطاق الرمزي الضوئي، يدعو محمود درويش إلى تطوير الشعر، وفتح أبوابه الجديدة، لرؤية الأشياء الخفية «أثر الفراشة في الضوء»، الرامزة إلى ما يتوق إليه الشعر من عوالم ممكنة لا يحققها الواقع؛ حيث إن الوصول إلى الجوهر، يتطلب

تجاوز اللغة إلى ما وراءها، حتى وإن كانت الاستعارة جزءاً منها، مستحضراً التقليد الجاهلي في دعوة الشاعر إلى الانتقال من الغزل إلى المديح، عبر فعل الأمر(دع)[15]، ليوجه هذه الدعوة للانتقال من لغة إلى أخرى، ومن شعرية قديمة إلى شعرية جديدة:

«دع الاستعارة، وامش معي. هل

ترى أثراً للفراشة في الضوء؟

قلتُ: أراكَ هناك أراك تمُرُّ

كخاطرةٍ من خواطر أسلافنا

قال لي: هكذا تستعيد الفراشة

أشغالنا الشاعرية: أغنية لا

يدونها الفلكيون إلا دليلاً على

صحة الأبدية » [16].

ليست النار إلا الصورة المشتعلة للضوء، وهي عند درويش كما عند أدونيس، تؤول إلى أصلها الأسطوري؛ من حيث قدرتها على بعث الحياة من الموت والرماد (أسطورة الفينيق)؛ لذلك فليس الشعر في نظر أدونيس وما يتأسس عليه من مجاز سوى «انتقال من نار إلى نار»:

«والمجازات انتقالٌ

بين نار ونار

بين موت وموت»‏ (17).

ليس كيمياء الشعر، إلا ذلك النور، الـذي يتوغل في أعماق الأشياء، والموجودات، فيعيد تشكيلها من جديد، وفي هذا الصدد فإن أنطولوجيا الشعر تتعلق بهذه الولادة الجديدة للعالم، أكثر مما ترتبط بالشكل، قال مولينو في هذا الصدد: «الفنان والشاعر يُعرفان باهتمامهما بالموجودات، أكثر مما يعرفان بتعلقهما بالشكل... فوظيفة الكلمات أولاً أن تعمل على إبراز انفجارات وأشكال وألوان على هيئة حزمة من الضوء»‏ (18).

وها هو أدونيس يصور هذه الوظيفة الأنطولوجية للشعر بشكل شاعري مذهل، متحدثاً عن «نور القصيدة» الذي ينصهر في الأشياء، ويبدد ضبابها، مسترداً ذلك البهاء الأسطوري القديم للأرض:

«مثلما علمتني رؤاهُ

أن نور القصيدة يأتي إلى الشيءِ،

يفتح أحشاءه، ويسافر فيها،

هكذا، بعده

سوف أبدأ في شق أحشاء هذي الحياةِ

التي تتراءى كمثل الضباب

ثم أمضي، أردّ إلى الأرض ذاك البهاء الذي

106

أخذته رياحي منها

واصعدُ نحو الأقاصي

عن سلَّم الغيابْ» (19).

والواقع أن الاستعارة التصورية: الشعر نار/ الشعر نور، وما يتفرع عنها من تلوينات استعارية، تنتمي إلى تلك الاستعارات المستمدة من الفيزياء، وقد بيّن ستيفن أولمان، كيف أن الاستعارات المستمدة من العلوم (الفيزياء، والكيمياء، والجيولوجيا)، تؤدي دوراً بارزاً «في توضيح التجارب المعقدة، وتقدم تعبيراً ملموساً وحياً، عن بعض الموضوعات الرئيسية في الرواية.. وتحتل الفيزياء مكاناً بارزاً بين العلوم، التي تُستمد منها التماثلات» (20). وقد أثبتت الدراسات المعرفية للاستعارة صعوبة الحديث عن العاطفة، خارج الاستعارات التي تؤطرها ـ استعارة: الحب نار مثلاً(21) ـ ومن الاستعارات التصورية الراسخة في نسق الفكر الإنساني: «التجارب العاطفية قوة فيزيائية» (22).

وقد خصص فرايزر، في كتابه الغصن الذهبي، الذي كان مصدراً لشعرائنا المعاصرين في استلهام الأساطير، حيزاً كبيراً للحديث عن الطقوس والاحتفالات التي كانت ترتبط بالنار، عند مختلف الشعوب القديمة؛ حيث إن إضرام المشاعل الكبيرة والقفز فوقها «كانت عادة تتشابه فيها الكثير من الشعوب» (23)، «وقد ارتبطت بعض هذه الاحتفالات بما سمّاه فايزر النظرية الشمسية لاحتفالات النار» (24).

هكذا شكلت الشمس مجالاً استعارياً مركزياً، داخل النسق

الاستعاري للنور، سعى الشاعر المعاصر من خلاله إلى محاولة التعبير عن ماهية الشعر، وعن حقيقته، بمنأى عن الانحصار في قضايا الشكل اللغوي، وليس غريباً أن يعد ريكور «مدار َالشمس هو مدار الاستعارة، فاستعارة الشمس هي: الأشد لمعاناً، اللامعة بامتياز، اللامع الأكثر طبيعية ممكنة... إذ إنها، لأجل تفسير قدرتها على التوليد، نفتقد كلمة تعوضها... ففي كل مرة تتوفر استعارة توجد بدون شك شمس في مكان ما؛ إلا أنه في كل لحظة توجد شمس فإن الاستعارة تكون قد بدأت» [25].

ومن ثم فإن استعارة الشمس ستنير في كل مرة معنى جديداً في النص، وستبرز الأشياء في حلة جديدة، قصد إثارة شعور جديد لدى القارئ؛ إذ «غاية القصيدة التي تمثُل فيها كلمات خيط الشمس والغيوم، ليس إخبارنا عن أحداث مناخية، ولكن غايتها هي أن تعبر عن عواطف وأن تثير فينا عواطف مماثلة» [26].

هكذا يخبرنا، أدونيس، بأنه، يستمد إبداعه من الشمس، وأنه لا يهمه من وجوده وواقعه، سوى قرص الشمس، الذي يلح عليه ويكرره، لأنه يمثل كينونته ويعيد تشكيلها، بعد أن يغسل صدره من كل شيء، فلا يُبقي إلا على نور الشمس:

«ماذا يجديني

أن أتآلفَ مع وقتي/ أو أن أغسل صدري منهُ؟ كلّا

لا يعنيني فيه إلا قرصُ الشمسِ وإلا قرصُ الشمس وقرصُ الشمس» [27].

إنها شمس يتبادل معها دور القراءة (يقرأها وتقرأه)، وليست هذه الشمس إلا الشعر ذاته، وقد فتح شرفاته المضيئة على كل الحدود، كل الأرض:

»عندما تقرأ الشمس أغوار نفسي،

وأقرأ أغوارها...

إنه الشعر كالشمسِ

كل الحدود له شرفاتٌ

أينما حلَّ في الأرض، أو

أينما ذهَبْ«(28).

وفي موضع آخر يؤكد درويش بأن القصيدة كالشمس، يظل ضوؤها متوهجاً، ينير الحياة المستقبلية، المتماهية مع حياة الشعر ومستقبله:

»سأقولُ: القصيدةُ كالشمسِ، كالماءِ،

مستقبلٌ للكلامْ

لا تنامُ، ولا شيءَ في ضوئها ينامْ«(29).

وهكذا لا يتصور أدونيس الشعر خارج استعاراته الشمسية، ففيها يعانق الفجر شمسه، وبها يجلو الشاعر التباس الأفق، ليجلو الحقيقة وسط الظلمات، ومن أبرز الأمثلة، هذا المقطع المتراكم الاستعارات،

الموجه بأشكال التكرار والتوازي؛ حيث تنصهر الاستعارة بالإيقاع، لتجلية الطبيعة الضوئية للقصيدة:

– «كتب القصيدةَ،

(هل سيقدر ذلك الفجر المشرد،

أن يعانق شمسهُ؟)

– كتب القصيدةَ،

(بين وجه الشمس والأفق التباسٌ)

– كتب القصيدةَ،

(بين وجه الشمس والأفق التباسٌ)... »[30].

وتتناسل استعارات الشمس والنور عند أدونيس بشكل لا يكفي المجال هنا لبسطها كلها؛ حيث: «الشعر يؤاخي بين الرمل ووجه الشمس»[31]؛ وحيث القصيدة: «شهب من كلام»[32]. وحيث حياة الشاعر المجازية، تشبه الشمس:

«غير أن حياتي قلقٌ ومجازٌ

وشعري كالشمس: من لا مكانْ»[33].

وحيث الصراع الوجودي الذي يخوضه الشاعر ليس سوى صراع بين النور والظلمة، وهما يمتزجان في خليط يغدو قناعاً للحقيقة الملتبسة التي يعجز الشاعر عن بلوغها[34].

ويبدو أن أدونيس، وهو يحاول أن يتحدث في شعره، عن شعرية شعراء الحداثة في العصر العباسي، لا ينظر إلى شعرهم خارج استعاراته الضوئية، وكأن الحداثة الشعرية ضوء ينير الوجود، ويعيد اكتشاف الأشياء، وها هو بعد أن تحدث عن «الكواكب الشعرية» للمتنبي [35]، و«حبر الضوء» عند أبي تمام [36]، يتحدث عن شعرية ابن الرومي الذي يتخذ من الضوء صباغة لفرشاته يرسم بها معاني الموت المنصهرة بالحب.

«ابن الرومي

بهدوء، برفق

أخذ الضوءُ فرشاتَهُ

أخذَ الضوءُ يرسم في الحقل قبراً

[...]

أيها الضوءُ، من أين تعرف أن الذي يسكن

القبرَ، حبٌّ» [37].

والواقع أن استكمال فهم هذا التوحد الاستعاري بين الشعر والنور، يفرض العودة إلى الأنساق الاستعارية في تاريخ الشعر العربي، والتي احتلت فيها استعارات الشمس والضوء، الصدارة عند الشعراء العرب في مختلف العصور، ويقدم لنا الجرجاني أمثلة كثيرة لهذه الاستعارات الضوئية، التي اعتبرها «الصَّميم الخالص

من الاستعارة» [38]، واقفاً عند عشرات الاستعارات الضوئية للقمر والهلال والشمس، لكشف النكت البلاغية التي اشتملت عليها، خاصة عند الشعراء المحدثين: (أبي تمام، والبحتري، وابن الرومي، والمتنبي، وابن المعتز، وأبي فراس الحمداني، وابن نباتة... إلخ) [39].

هكذا وقف الجرجاني عند التشبيه بالقمر أو الهلال، عند الشعراء، والذي يفي «الشهرة في الرجل والنباهة والعزة والرفعة، ويعطيك الكمال عن النقصان، والنقصان بعد الكمال... كما قال البحتري:

مثـل الهـلال بـدا فلـم يبـرح بـه

صَـوْغُ الليالـي فيـه حتـى أقمـرا

«ويعطيك شبه الإنسان في نَشئِه ونمائه إلى أن يبلغ حد التمام، ثم تراجعه إذا انقضت مدة الشباب، كمال قال:

المـرء مثل هـلال حيـن تبصره

يـبدو ضـئيلاً ثـم يتَّسـقُ

يـزداد حتـى إذا مـا تـمَّ أعقَبَـهُ

كرُّ الجديدين نقصاً ثم ينمحِقُ.... إلخ» [40].

على أن لاستعارات القمر اقتضاءات شعرية جديدة في الشعر العربي المعاصر، نمثل لها بقول محمود درويش، وهو يصهر النور بفاكهة البرتقال:

» قال: إني رأيت هنا قمراً ساطعاً

ناصع الحزن كالبرتقالة في الليل،

يرشدنا في البراري إلى طرق التيه...

لولاه لم تلتق الأمهاتُ بأطفالهن» (41) .

إن دلالة القمر في هذا المقطع تتجاوز، النور الذي «يرشد في البراري»، فاستحضار البرتقالة، يتطلب البحث عن أوجه التشابه بينها وبين القمر، ويمكن أن نستحضر هنا حديث جان كوهن عن شعرية البرتقالة، التي لا تكمن فقط في لونها؛ بل في شكلها الدائري، الذي يوحي بالراحة والاسترخاء، كما أكد ذلك غاستون باشلار وهو يبحث في «فينومينولوجيا المستدير» (42) . أما شعرية القمر فتتجلى في قدرته على تجلية الأشياء في ذاتها، بمعزل عمّا يحيط بها، فعلى خلاف ضوء الشمس (ضوء النهار)، الذي يبرز فيه الشيء بشكل مشتت وسط الأشياء التي تجاوره، يعطي القمر ضوءاً خافتاً، يجلي الشيء في ذاته، إن «شعرية القمر تنبثق من سمة خاصة في ضوئه، فبسبب شدته الخافتة، يبث نوره المنتشر، إن الفرق بين الصورة / والأرضية يتلاشى، وينزع كل شيء إلى الغرق في المكان المحيط... ربما زعزع رواد الفضاء الأمريكيين شعرية القمر، ولكنهم لم يهدموا هذه الشعرية» (43) .

ولا غرابة بعد هذا أن يصور محمود درويش القمر في صورة فاكهة شهية، يقدمها وليمة لكواكب شعره:

«سوف أولِمُ هذا القمرْ

لكواكبِ شِعري» (44) .

ومن السمات الجديدة التي أضافها محمود درويش لاستعارات

الشمس، صهرها في المرأة؛ حيث يعكس هذا الانصهار النسائي/
الضوئي، صورة الشعر المضيء، المبشر بالغد المشرق الموعود،
وكأن المرأة المضيئة عند درويش تأخذ صورة الأرض وصورة
الزمن القادم، لمحو ظلمة الحاضر:

«سيجيء يوم آخرٌ، يوم نسائيٌّ

شفيف الاستعارة، كامل التكوين

ماسيٌّ زَفافيٌّ الزيارة، مشمسٌ

سلِسٌ، خفيف الظل. لا أحد يحس

برغبة في الانتحار أو الرحيل. فكل

شيء خارج الماضي طبيعي حقيقي

رديف صفاته الأولى. كأن الوقت

يرقد في إجازته.... أطيلي وقت زينتكِ

الجميلَ. تشمسي في شمس نهديك الحريرين

وانتظري البشارة ريثما تأتي» [45].

وتوحي هذه الاستعارة المبتكرة لدرويش، وهي تصور امرأة تأخذ
ضوء الشمس من ذاتها، من شمسها، الساكنة في نهديها: « تشمسي
في شمس نهديك الحريرين»، بأن المرأة تأخذ شكل الشمس، وقد
تكررت هذه الاستعارة في شعر درويش، موحدة بين المرأة والشمس
وبين الزمن القادم الجديد، قال:

»أطل على امرأة تتشمس في نفسها...

أطل على موكب الأنبياء القدامى

وهم يصعدون حفاة إلى أورشليم

واسأل: هل من نبي جديد

لهذا الزمان الجديد«« (46).

كما تكررت الصورة الاستعارية نفسها، منصهرة في الحلم، والزمن البهي، الذي تجليه صورة المرأة »التي تدلك نهديها بالشمس««، في قصيدة »الحلم ما هو؟««، لمحمود درويش معبرة عن القدرة الابتكارية للشاعر وهو يخلق هذا التراسل بين الحواس، »تحويل نور الشمس إلى سائل مرهم««، تدلك به المرأة نهدها، في رمزية إلى الأمومة التي سينبجس من صدرها نور الحلم القادم، في استعارة بديعة، تمثل ذلك النوع من »الاستعارات العُقم««، التي تحدث عنها محمد الولي كما جاء في الفصل الأول، قال درويش:

»الحلم ما هو؟

ما هو اللاشيء هذا

عابر الزمن،

البهيُّ كنجمة في أول الحب،

الشهيُّ كصورة امرأة

تدلك نهدها بالشمس؟«« (47).

وينسج أدونيس الصورة الاستعارية نفسها للمرأة التي تستبطن شمسها في داخلها، ليحدثنا عن «نساء يغتسلن بشمسهن الداخلية»، يسطعن في القصيدة مثل «قافية ملائمة» [48].

وعندما أراد الشاعر التعبير عن المعنى والصورة في الشعر، لم يجد غير ثنائية الضوء والليل؛ حيث المعنى ضوء يجلي الصور الليلية الملتبسة، في وجه المرأة، المتماهية مع القصيدة:

«المعنى مبثوثٌ ضوءاً

والصورة ليلٌ

في وجه امرأةٍ» [49].

2 – 1 – الشعر ماء/ الشعر نبات:

مثلما جعل الشعراء المعاصرون الشعر ضوءاً ونوراً وشمساً، فقد نظروا إليه باعتباره ماء ونباتاً، وعلى الرغم من التناقض الظاهري، الذي يمكن أن يوحي به هذا التنويع الاستعاري في محاولة القبض على جوهر الشعر، فإننا نجد الشعراء كثيراً ما يُرجعون الماء والنار إلى أصل واحد، عبر عالم شعري موجَّه بتاريخ أسطوري، ينيط بالماء والنار معاً إعادة تشكيل الحياة، وهذا ما جسّده أدونيس بقوله:

«يحدث أن تتجلى نار

في صورة ماءٍ» [50].

«أتُرى يعرفُ الماءُ أن الشَّرَرْ

116

وحيُهُ المنتظَرْ». (51)

هكذا لا يتردد محمود درويش في أن يجعل الماء أصلاً للشعر،
لتكتمل تركيبته الكيميائية التي شكلها من قبل النور والنار، وهي
تركيبة مختلفة عن التركيبة اللغوية التي يعرّف بها النقاد الشعر والنثر
معاً، قال:

«يعود الكلام إلى أصله

الماءِ:

لا الشعر شعرٌ

ولا النثر نثرٌ». (52)

ويتبنى أدونيس التصور نفسه، ليجعل:

«أول الشعر ماء». (53)

وليجعل لحظة الموت لحظة مائية، تستطيع أن تميت الموت نفسه،
لتنبثق الحياة مع المعنى، حياة بدون موت:

«موتٌ ـ

يعطي للمعنى

وجة الماءِ ـ يُميتُ الموتُ». (54)

ولا غرابة أن تصبح مصادر الخيال الشعري ومنابعه الحقيقية،
منابع مائية، يستعير لها درويش «البحيرة»، و«المطر»، لترتفع

السنابل في شمال الروح وجنوبها، ولتلمع حبة الليمون:

«... تتسع البحيرة في

شمال الروح. ترتفع السنابل في جنوب الروح

الروح. تلمع حبة الليمون قنديلاً

... تسرب المطر

الخفيفُ إلى جفاف القلب، فانفتح الخيال

على مصادره، وصار هو المكان، هو

الحقيقيَّ الوحيد»[55] .

هكذا يأخذ الحلم شكل الماء؛ حيث الحالمون يتنقلون من سماء إلى سماء حالمين بمرايا الماء[56]، ليخبرنا أدونيس أن الشعر (جسد الكلام)، من أصل مائي، لكن ماهيته لا تكتمل إلا حين يشتعل هذا الماء، وسط البروق، مبشراً بالربيع القادم، وبهذا يأخذ الشعر شكل الطبيعة نفسها، أو ليس الشعر رحلة اكتشاف جديدة وعميقة للموجودات؟ حيث لا يمكن الفصل بين الماء واشتعاله، وبين النور وتدفقه المائي، قال:

«لونكَ لونُ الماء

يا جَسَدَ الكَلامْ

حين يكون الماءْ

خميرةً

أو صاعقاً

أو ناراً

وَاشْتعَلَ الماءُ

وصارَ صاعقاً وصارْ

نَيْلوفراً

يسْألُ عن وسادتي

ينامْ»...(57) .

وظيفة الشعر هي الغوص في ماهية الماء، باعتباره العنصر الأكثر تأثيراً في الكون، لأنه يستطيع التغلب على مظاهر الموت المنتشرة عبر النار والتراب، بعث الحياة في الأرض من جديد، فالفعل الأول للماء: «كما كان يُقال في الأساطير القديمة يعدّلُ العناصر الأخرى»، بتحطيمه للجفاف، ـ والجفاف صنيعة النار ـ ينتصر على النار، يثأر من النار ثأراً متأنياً، يأسر النار، ويُسكّن الحرارة في داخلنا، يسحقُ، أكثر من المطرقة، الأتربةَ، ويُطرِّي الموادَّ (58) .

هكذا لا يجد درويش لتحديد ماهية الشعر إلا تصوير الغيوم، عبر استعارات مائية متراكمة، وعبر أحداث غرائبية تصور أسطورة تشكل الوجود، من الغيوم، وتتشكل الوجه البشري من «الطائر المائي»، والشعراء الذين يبنون منازلهم من الغيوم، ويرسمون عبرها

شكل الوجود الأبدي، الذي لن يكون سوى وجود مائي:

«وصف الغيوم مهارة لم أوتَها...

أمشي على جبل وأنظر من علٍ

نحو الغيوم، وقد تدلّتْ من مدار اللازورد

خفيفة وشفيفة،

كالقطن تحلجه الرياح

كفكرة بيضاء عن معنى الوجود

أنظر من علٍ، وأرى انبثاق الشكل

من عبثية اللاشكل:

ريش الطير ينبت في قرون الأيّل البيضاء،

وجه الكائن البشري يطلع من

جناح الطائر المائي... ترسمنا الغيوم على وتيرتها

وتختلط الوجوه مع الرؤى

[...]

والشعراء يبنون المنازل بالغيوم

ولكل وقت غيمةٌ،

لكن أعمار الغيوم قصيرة في الريح،

120

كالأبد المؤقّت في القصائد،

لا يزول ولا يدوم »[59] .

وإذ تتوطد العلاقة بين الشعر والماء، لا يتردد أدونيس في أن يخاطب شعره باسم النهر «نهر الكلام»، مصوراً لنا رحلة مائية، قصد اكتشاف أسرار الماء وتحولاته، وحركاته: في الأرض وفي البحر وفي السماء، فوحده الماء بتجلياته المختلفة، يستطيع أن يؤدي هذه الوظيفة الأنطولوجية الخلّاقة، للكشف عن حركات الموجودات، وعن حقيقتها التي جسّدتها تعبيرات استعارية مائية من قبيل (تموج الأسرار – وبحار تمطر ياقوتاً وآبنوساً – وصدف يتحول إلى سحابة حمراء – وقصيدة تلبس وجه البحر – ونجمة أسيرة بين شباك الماء – وحجر ينبع منه الماء...):

«يا نَهَرَ الكَلامْ

سافِرْ معي يومين، جمعتين في تموُّجِ الأسرارْ

نلتقطُ المحار، أو نسْتكشِف البحار

نُمطرُ ياقوتاً وآبنوساً..

واسألْ معي يا نَهَرَ الكَلامْ

عن صَدفٍ يموتُ كي يَصيرْ

سحابةً حمراءْ

تُمطِرُ،

عن جزيرةْ

تَسيرُ أو تطيرْ،

وَاسألْ معي يا نَهَرَ الكلام

عنِ نجمةٍ أسيرةْ

بين شِباكِ الماءْ

تحمل تحت ثديها

أيامِيَ الأخيرةْ.

واسألْ معي يا نهرَ الكلامْ

عن حجرٍ ينبُعُ منه الماءْ

عن موجةٍ يولد منها الصّخرْ

عن حيوان المِسكِ، عن يَمامةٍ من نورْ...

وَلْيكنِ الكلامْ

قصيدةً تلبَس وجة البَحر» (60).

ولا تكتمل الاستعارات المائية، إلا بذلك الامتداد الذي يتجسّد
في النباتات والأشجار؛ ولذلك تأخذ القصيدة عند أدونيس كما عند
درويش، شكل النباتات، متماهية مع الأرض ومظاهر الحياة فيها،
فلا ندرك الصورة الشعرية إلا باعتبارها «نبتة تحتاج إلى الأرض
والسماء.. و [من هنا] نفهم ملاحظة جاك بوسكيه jacques bousquet

العميق، حين يقول: ما تكلفه الصورة الإنسانية من العمل يعادل ما تكلفه خاصية جديدة للنبتة» [61].

هكذا يجسّد أدونيس، كلماته الشعرية، وهي تسقيه إكسير أعشابها، وقد غدا الزمن طفلاً يحتضنه الشاعر، يقرأ ما يكتبه الفضاء، في دفاتر من أصل سماوي، توحي لنا بأن الشعر ماء منهمر من غيمة عالية:

» أخذتني إلى بيتها كلمات

وسقتني إكسير أعشابها،

زمن جالس مثل طفل على ركبتيَّ، ليقرأ ما يكتبُ

الفضاءْ

في دفاترَ مسروقةٍ

من جيوب السماء» [62].

ويتوغل درويش في عمق الصنوبرة ليستعير منها غيمة، ويعصرها كبرتقالة، ويملأ بها البئر، منتظراً أن تنبعث الحياة في صورة غزالة بيضاء أسطورية:

«لم أعتذر للبئر حين مررتُ بالبئر

استعرت من الصنوبرة العتيقة غيمة

وعصرتها كالبرتقالة، وانتظرت غزالة

بيضاء أسطورية. وأمرت قلبي بالتريث» [63].

كما يتوغل أدونيس في عمق شجرة التوت، ليتحول داخلها إلى خيط حرير تنسجه دودة القز، قبل أن يتحول هذا الخيط إلى شال حرير تنسجه امرأة من نساء الأساطير:

«رأمّا أنا، فسأدخُلُ في شجر التوتِ

حيث تُحوِّلُني دُودَةُ القزِّ خَيطَ حريرٍ

فأدخُلُ في إبرة امرأةٍ من

نساء الأساطير،

ثم أطير كشالٍ مع الريح... » (64).

ويخبرنا درويش أن الذي يبقى من الغيمة، هو تلك الزهرات التي تحييها على الأرض، كما أن الذي يبقى من ماء الشعر ومن نزيفه، هو ذلك التوغل في عروق الأشجار، وكأن الشعر والماء متوحدان، فلا تكتمل روح الطبيعة إلا عبر ماء الطبيعة المنصهر بماء القصيدة، وإلا عبر الشجرة الخضراء المتلونة بالفكرة الشعرية الخضراء؛ ذلك ما جسّده في قصيدة «ماذا سيبقى»:

«ماذا سيبقى من هبات الغيمة البيضاء؟

ـ زهرة بيْلسان

ماذا سيبقى من رذاذ الموجة الزرقاء؟

ـ إيقاع الزمان

ماذا سيبقى من نزيف الفكرة الخضراء؟

ـ ماءٌ في عروق السنديان» ⁽⁶⁵⁾ .

ويتخذ الشاعر من شجرة اللوز استعارة للشعر؛ حيث لا يمكن وصف جمال اللوز وزهره الشفيف «كضحكة مائية»، إلا عبر التخلص من أحابيل البلاغة، فالبلاغة تحاول أن تُلبِس المعنى الشعري اللباسَ اللغوي الشائك، فتجرحه عوض أن تُجلي جماله، ووحدها القصيدة الأنثى، شجرة اللوز المزهرة، المختالة في ثوبها وزهرها الأبيض، تستطيع وصف جمالها، العصي على موسوعة اللغة وقواميسها، لأن هذه اللغة ليست سوى صدى لا تستطيع الوصول إلى جوهر الشجرة المائي؛ حيث ضحكة الماء، وخفر الندى على الأغصان؛ وحيث هناك مشاعر خفية معلقة على الأشجار، لم تجد بعد من يحدد أسماءها، وينقلها من لا وعي اللغة إلى وعيها، ومن عالم الشعر المائي إلى عالم اللغة المتحجرة، قال درويش في نص تراكمت استعاراته المائية والنباتية:

«ولوصف زهر اللوز، لا موسوعة الأزهار

تسعفني، ولا القاموس يسعفني...

والبلاغة تجرح المعنى وتمدح جرحه،

كمذكر يملي على الأنثى مشاعرها

فكيف يزهر اللوز في لغتي أنا

وأنا الصدى؟

وهو الشفيف كضحكة مائية نبتت

على الأغصان من خفر الندى...

... لوصف زهر اللوز تلزمني زيارات إلى

اللاوعي ترشدني إلى أسماء عاطفة

معلقة على الأشجار. ما اسمه؟

ما اسم هذا الشيء في شعرية اللاشيء؟

يلزمني اختراق الجاذبية والكلام

لكي أحس بخفة الكلمات حين تصير

طيفاً هامساً فأكونها وتكونني

شفافة بيضاء! »‏ (66).

والواقع أن كيمياء الماء والنبات ليست سوى كيمياء الشاعر نفسه، أو كيمياء الشعر الذي يسكن دمه وجسده، وها هو أدونيس يصور لنا هذا التماهي مع النبات ومع الفصول وعناصرها قائلاً:

«زهرات على قدمي تموت، وماتت شهواتُ،

ولكن أسماءها بقيت في عروقي، وأجاهرُ

أن الربيع الأخير الذي زين الأرض كان

غبياً

وأشهد أن الخريف الذي جاء في إثره كان طفلاً

أسرتني تقاطيعه، ـ

لا اللقاءُ شفائي، ولستُ المعذَّب يوم الفراقْ

أشطُرُ الوقتَ ـ أُعطي إلى الشعر شطراً،

وشطراً إلى حلم لا يُطاقْ» (67) .

يصور هذا المقطع كيف تتحلل الكيمياء الزهرية في جسد الشاعر، فتموت الشهوات نفسها، لكنه يحتفظ بأسمائها، التي تذكره بجوهره الطبيعي؛ وإذ تغيب شهوات الزهر وروحه مع انقضاء الربيع، فإن الشاعر يستكمل كيمياءه من عناصر الخريف الذي يأتي بعده، وقد تحول إلى طفل جميل التقاطيع. وقد بدا هذا التحول الخريفي ملتبساً، فلا هو شفاء، يعيد للشاعر شهواته الربيعية الماضية، ولا هو عذاب، إنه زمن البين بين، زمن الانشطار، بين الشعر المنصهر في تقاطيع الخريف، والحلم الهارب مع الربيع الذي مات، وقد غدا حلماً لا يُطاق.

في قصيدة: «وردة الأسئلة»، يعمّق أدونيس إحساساته من خلال الماء، مطابقاً بين الكلام والطبيعة، محاولاً الوصول إلى الجوهر؛ جوهر الماء، وجوهر الطبيعة وجوهر العطر، وكـأنه شاعر «يعمّق المادة [الماء] ويزيد من ماهيتها؛ إذ يشحنها بالألم البشري» (68) ، قال:

«أتسلحُ بالشعر كي أتحدث مع كبد الأرض مع زهرةٍ

مع بقايا رحيلٍ لأبقى

تائهاً بين عينيْ غزال

لأخوض حروبي

بين وجه الكلام ووجه الطبيعة...

وكي أنشر العطر من وردة في الخفاء

مهنتي أن أكون على شفة الهاوية

لغة دانيهْ» [69].

وعندما يلبس أدونيس قناع الشاعر مهيار، يصوره متلبساً وجه الفضاء، منتظراً زيارة «زهرة الكيمياء»، وقد غدت معبرة عن كيمياء الشعر نفسه، متماهية مع ذات الشاعر:

«...أريد لمهيار أن يتلبَّس وجه الفضاء

مرحباً زهرة الكيمياءْ

نحنُ، هذا الصباح شقيقان – نذّانِ

والكون فينا سواءْ» [70].

2 – نظرية المحاكاة من المنظور الشعري (الشعر بين الخيالي والواقعي):

شكلت المفارقة بين الواقعي والخيالي، موضوعاً للتأمل، لدى الشعراء العرب المعاصرين، يتجاوز مستوى الطرح الإبداعي إلى مستوى إنتاج خطاب نقدي من داخل الشعر نفسه، فالشعر إنما يتولد

في منطقة التقاء بين الواقعي والجمالي، يبتدئ عند تجاوز عتبة الحقيقة إلى المجاز، وعند خلق فسحة للخيال البعيد داخل الواقع، وعند خلق الصور الغريبة؛ ذلك ما عبّر عنه محمود درويش في قصيدة بعنوان: «قُل ما تشاء»:

«ضَعِ الحروفَ مع الحروف لتُولَدَ الكلماتُ،

غامضةً وواضحةً، ويبتدئَ الكلامُ.

ضَعِ الكلامَ على المجاز. ضَعِ المجازَ على

الخيال. ضَعِ الخيالَ على تَلفُّته البعيد.

ضَعِ البعيدَ على البعيد.... سَيُولَدُ الإيقاعُ

عند تَشَابُكِ الصُوَرِ الغريبةِ من لقاء

الواقعيِّ مع الخياليِّ المُشَاكسِ». (71)

يجسّد هذا التقابل بين الواقعي والخيالي، أزمة شاعر باحث عن تحقيق حلمه الذاتي والجماعي في واقع لا يسير وفق أهوائه:

«كيف تبني مقامَكَ يا شعر في الأرضِ،

من أين يأتي إلى رئتيكَ الهواءُ،

والفضاءُ فمَّ خيَّطَتْهُ الحقيقةُ». (72)

يبحث الشاعر عن ذاته؛ حيث:

«يحفرُ الحبُّ كالشعر ثقباً

في جدار الزمنْ

كي يجدد ميلادهُ

ويمزِّقَ عنه الكفَنْ» [73] .

يبحث عن لحظة انصهار الواقعي في الجمالي، لحظة يغدو فيها «الوقت خفيفاً وأليفاً حول أبراج الحمام» [74] . يريد الشاعر أن يخلق عالماً: «للأشياء تموت وتولدُ في الكلمات، وللكلمات تموت وتولد في الأشياء» [75]، يبحث عن «بهاء كامل التأنيث» عن «مكان عاطفي» يوجد في منطقة التقاء الشكل الشعري والمضمون، وفي لحظة توتر «صورة المعنى»، مندمجاً في سحر الطبيعة وإيقاعها:

«في مثل هذا اليوم، في الطَّرَف الخفيِّ

من الكنيسةِ، في بهاءٍ كامل التأنيث،

في السنة الكبيسة، في التقاء الأخضر

الأبديّ بالكُحْليّ في هذا الصباح، وفي

التقاء الشكل بالمضمون، والحسيّ بالصُّوفيّ،

تحت عريشةٍ فَضْفَاضةٍ في ظل دوريٍّ

يوتِّر صورةَ المعنى، وفي هذا المكان

العاطفيِّ/

سألتقي بنهايتي وبدايتي» [76] .

وقد عكست قصيدة درويش «نهار الثلاثاء والجو صاف»، عمق هذه الإشكالية، من خلال لحظات تأمل أوحت بها زيارته لحديقة بمدينة لندن، صور فيها حالة الاغتراب وقد تحولت من اغتراب عن الوطن إلى اغتراب عن الذات وهي تعاني انفصاماً بين واقعها وحلمها، عبْر هذا الجو الشاعري، ينتقل درويش من الواقع إلى الخيال؛ حيث يتخلص من أثقال الحاضر «متبخراً من جسده»، ليعانق جوهره المائي في الغيم، وهو يدوّن «خواطره العليا»، على شجر الجوز، وكأنه على موعد مع إحدى قصائده. في هذا الجو الشاعري الذي يؤثثه الماء (النهر)، المشتاق لمعانقة البحر، يتحرر الشاعر من قيد الزمن، ليُسقط هذه اللحظة الخيالية الشاعرية على مستقبله، وقد تلاشى مثل ماضيه على أرض شجرية مائية حالمة:

«نهار الثلاثاء، والجو صاف، أسيرُ

على شارع جانبي مغطى بسقف من

الكستناء... أسير خفيفاً كأني

تبخرتُ من جسدي، وكأني على موعد

مع إحدى القصائد. أنظر في ساعتي

شارداً.. أتصفح أوراق غيم بعيد

تدوّنُ فيه السماء خواطر عليا، أقلّبُ

أحوال قلبي على شجر الجوز

أدندن لحناً

بطيئاً كما يفعل العاطلون عن العمل:

النهر كالمهر يجري إلى حتفه / البحرِ

والطيرُ تختطف الحَبَّ من كتِفِ النهر

أهجس، أهمس في السرِّ: عِشْ

غدك الآن! مهما حَييتَ فلن تبلغ

الغَدَ... لا أرضَ للغد، واحلُمْ

ببطء»‏ ‏(77)‏ .

يحاول الشاعر القبض على الحقيقة الضائعة في منطقة ملتبسة بين الحقيقة والخيال، يمشي في الحديقة بلا هدف، باحثاً عن فكرة شاردة، متوقعاً لقاء مفاجئاً لامرأة خيالية، تأتيه بلا موعد:

«وأمشي على شارع لا يؤدي إلى

هدف.. ربما أرشدتني خطايَ إلى

مقعد شاغر في الحديقة، أو

أرشدتني إلى فكرة عن ضياع الحقيقة

بين الجماليّ والواقعيّ. سأجلس وحدي

كأني على موعد مع إحدى نساء الخيال»‏ ‏(78)‏ .

وهكذا لا يتعارض الشعر مع العلم، فكلاهما يبحث عن الحقيقة،

وكأن الشاعر هنا يقرب بين العلم والشعر، لأنهما يتشابهان في السعي إلى اكتشاف حقيقة الحياة وحقيقة العالم، فكبار الشعراء هم الذين يعلموننا الأشياء التي لا تُدرك. وها هو أدونيس يصادق على هذه الحقيقة ليخبرنا على لسان الفارابي، بأن الشعر أخ للعلم وللفلسفة، وأن حقيقتهما في الجوهر واحدة:

«هو ذا الفارابيُّ أميرٌ

في ملكوتِ الفكر، وفي بستان الموسيقى

الشعر، يؤاخي

بين ضفاف العقل وموج القلبِ

وينطق حدْساً

كي يكتب رمزاً.

الفكرُ أخ للشعر، وكلُّ مقالٍ

صورةُ خلق للأشياءِ، وطينٌ ثانٍ

لخلائقَ أخرى» [79].

وعندما تتجلى هذه الحقيقة، لا يتردد أدونيس في أن يقصي العلم، فلا يُبقي إلا على الشعر مصدراً للمعرفة، ما دامت المعرفة الشعرية تتأسس على أنقاض الواقع وحقائقه المضللة؛ حيث يتلاشى اليقين، وتتلاشى الأشياء؛ وحيث يحاول الشاعر بناء حقيقته الجديدة. وكأن الشعر لا يبدأ إلا حين نجترح واقعاً جديداً، لنكتشف أن ما كنا نعتقده

صورة مضيئة للمعرفة، ليس سوى سراب يتبدد، وأن رحلة البحث عن حقيقة الوجود، تبدأ داخل العالم التخييلي للشعر، لا خارجه:

«والقصيدة قالت وداعاً

كل ذلك اليقين الذي عشته، يتلاشى

كل تلك المشاعل من شهواتي وأشيائها، تتلاشى

كل ما كان بيني وبين الوجوه المضيئة في هجرتي، تتلاشى

أبدأ الآن من أوّلٍ» (80) .

على القصيدة، إذنْ ألا تستسلم في حربها الدائبة للوصول إلى حقيقة الوجود، عليها أن تكون قادرة على تحويل الخسارة إلى ضوء، وأن تتقمص في هذه الحرب الدائرة على أرضها بين الحقيقة والمجاز، العنصرَ المخلّص الشبيه بالسيد المسيح وهو يمتطي فرساً مثخناً بجراحات المجاز الجميل، مضحياً من أجل الوصول إلى تلك المنطقة التي يتآلف فيها الخيال (الجمالي) مع الحقيقة؛ حيث لا حقيقة خارج الشعري/ الجمالي وشكله:

«يقول: القصيدة قد تستضيف الخسارة

خيطاً من الضوء يلمع في جيتارة

أو مسيحاً على فرس مثخن بالمجاز

الجميل، فليس الجمالي إلا حضور

الحقيقي في الشكل » (81) .

ومن هنا فليست الحقيقة هي ما تراه العين، إنها حقيقة كامنة في الشعر ذاته، وصادقة بالنظر إلى التجربة التي يعيشها الشاعر، ولا يجوز بتاتاً التشكيك فيها، ولا غرابة أن ينتهي جان كوهن بعد تحليله لقصيدة Spleen للشاعر الفرنسي بودلير، إلى أن هذه: «القصيدة صادقة، وهي تقول ما هو موجود؛ يكفي لأجل الاقتناع بهذا أن نسأل أولئك الذين عاشوا تجربة الغم فهم يعرفون أن ما تقوله هذه القصيدة هو الصدق كما عاشوه» [82].

الصورة الحقيقية للحياة والعالم، توجد في عالمها الأصلي؛ ذلك العالم الذي يشكل جوهر الشعر؛ حيث الصورة الحية للأشياء، متوهجة بنور الشمس، يجري فيها الماء المبدد للموت، وهذا ما لخصه درويش في قوله:

«قلت له: لا تراهن على الواقعيِّ

فلن تجد الشيء حياً كصورته في

انتظارك....» [83].

ليست الحقيقة ما تلتقطه الكاميرا، لأن العين لن ترى إلا المأساة، إلا الجروح، ولهذا فطريق الحقيقة هو التمرد على الواقع المرئي، هو الابتعاد عن المحاكاة القائمة على النسخ، من أجل ابتكار عوالم أخرى، تخبر بأن الشاعر على قيد الحياة، أن الجراح الظاهرة لم تقتله، وأن هناك حياة أخرى يمكن بلوغها، ولا سبيل إلى هذه العوالم الجديدة إلا الشعر ذاته، إلا هذا الجمالي الذي يتسلح به الشاعر، يهبه

حريته، ويبلغ به «الملائم»؛ حيث تتحقق أحلامه على أرض الشعر وإن خذلته على أرض الواقع، قال درويش:

«لا تَصِفْ ما ترى الكاميرا من

جروحك. واصرخْ لتسمع نفسك

وأصرخ لتعلم أنَّكَ ما زلتَ حيّاً

وحيّاً وأنَّ الحياةَ على هذه الأرض

ممكنةٌ. فاخترعْ أملاً للكلام

أبتكرْ جهةً أو سراباً يُطيل الرجاءَ.

وغنِّ فإن الجماليَّ حريَّة....

وأكتبُ: ليس الجماليُّ إلاّ

بلوغ الملائم » (84)

يبسط درويش هنا ـ على غرار أدونيس ـ نظريته للمحاكاة، مؤمناً بأن القصيدة لا يمكنها أن تجاري الواقع في فداحته وقسوته وموته، وأن وظيفتها هي اجتراح عوالم ممكنة، وعلينا أن نؤمن بما يقوله الخيال، واثقين بصدق نبوءاته، ونؤمن أن معجزة الحياة ستتحقق، وكأن الشعر ليس سوى عالم أسطوري تجري على أرضه الحرب بين الواقع والخيال، بين الكائن والممكن، بين الوهم والحقيقة، بين الحاضر والمستقبل، إن الشاعر يعيش في قلب الأسطورة التموزية، وهي تحقق حلم تحول الأعشاب الميتة، إلى ربيع أخضر يانع، وإذن:

«لنذهبْ إلى غدنا واثقين

بِصدْق الخيال ومُعْجزةِ العُشْبِ.... » (85).

في بسط هذه النظرية الشعرية الخلاقة للمحاكاة، يستوقفنا محمود درويش في شعره، ليتساءل عن السر في كون صورة الواقع في الشعر أقوى من الواقع ذاته، مصادقاً على نظرية أرسطو التي تجعل الشعر يتجاوز محاكاة الظواهر الخارجية، قصد الوصول إلى حقيقة الحياة، وإلى ما يخلق السعادة أو الشقاء في النفوس، والمتعلق بكيفية الوجود العميقة، لا بالحياة الظاهرية، لأن «المأساة لا تحاكي الناس؛ بل تحاكي الفعل والحياة، والسعادة والشقاوة هما من نتائج الفعل، وغاية الحياة كيفية عمل لا كيفية وجود» (86).

يبحث أدونيس عن محاكاة شعرية لا تكتمل إلا بزرع قوة الواقع في التخييل، والبحث عن هذه القوة في الأعماق، في أعماق الموجودات؛ حيث تأخذ العناصر المادية، أبعاداً أكثر غوراً في أرض الحقيقة، لا بد للشاعر من التنقيب عن هذا العمق الوجودي، الذي يستطيع تحويل حلمه إلى حقيقة:

«... خيالي لم يَعُدْ

يكفي لأكملَ رحلتي. لا بُدَّ لي من

قُوَّةٍ ليكون حُلمْي واقعيّاً .... » (87).

ويبسط أدونيس، تصوره النقدي للشعر من خلال قصيدة طويلة حملت عنواناً دالاً هو «دفتر أيقونات»، قصيدة بحث فيها عن أبجدية تتآخى فيها عناصر الطبيعة، وعن أيقونة:

«يكون التخيُّلُ فيها

شبكاً من تراب وغيمٍ». [88]

عن أبجدية:

«حبرُها بحرُها

ولها أبجدية نار ويابسة وهواءٍ

وبأقلامها

تتهجى أقاليمَها». [89]

إنها لغة يتوخى فيها الشعر خرق المألوف والبحث عمّا لا تتيحه اللغة العادية؛ حيث البحث عن ليل (يولَد في وردة)، وعن (كتابة ترفل في بردة الطبيعة)، وعن (خطوط مطر متخيَّل)، وعن شكل للكتابة (يُكتب فيه تاريخ الحب بنيران الأيقونات وألوانها) [90]، ومن هنا تذوب الفوارق وتتآخى الديانات، ليخبرنا الشاعر قائلاً (أتخيل أيقونةً لا كنائسَ فيها، لا مساجد، لا هيكلٌ)، ولتغدو الأيقونات ملتبسة لا يبين معناها؛ حيث «المعنى نجم حائر في فلك دائر؟». [91]

ويحاول درويش هدمَ ذلك السور القائم بين الواقع والأسطورة، وبين الواقع والشعر، وكأن الواقع ذاته ليس إلا حياة شعرية/ أسطورية، وهكذا فإن ملحمة الإلياذة التي كتبها هوميروس، هي ملحمة واقعية، يجب أن ننظر إليها، من منظور درويش، بعين الشاعر الذي يتوغل في جوهر أحداثها، لا بعين البطل العسكري الذي يعيش أحداثها الخارجية، علينا ألا نصدق السرد التاريخي، ونصدق فقط

هذا السرد الشعري الذي كتبه «هوميروس»، فالشعر أسطورة، لكنها تكتب الواقع، ولو أن عين الكاميرا صورت أحداث «الإلياذة» أو «الأوديسة»، لأخبرتنا الشيء نفسه، لأكدت لنا أن ما نراه، أسطورة واقعية، قال درويش:

«.. تساءلْت: كيف يصير المكانُ

انعكاساً لصورتهِ في الأساطيرِ،

أو صِفَةً من صفات الكلامِ؟

وهل صورةُ الشيء أقوى

من الشيءِ؟

لولا مخيَّلتي قال لي آخري:

أنتَ لَسْتَ هنا!

لم أكن واقعيّاً. ولكنني لا

أصدِّقُ تاريخَ إلياذة العسكريِّ،

هُوَ الشِّعْرُ أسطورةً خَلَقَتْ واقعاً...

وتساءلْتُ: لو كانتِ الكاميرا والصحافةُ

شاهدةً فوق أسوار طروادةَ الآسيوية،

هل كان هوميرُ يكتبُ غيرَ الأوديسةِ؟»[92].

وفي قصيدة «في ذكرى أمل دنقل» يحاور درويش روح الشاعر

الغائب، متسائلاً معه عن جوهر الحياة، بين الحقيقة الظاهرية الزائفة التي تدركها حواسنا المضللة، وبين حقيقتها العميقة التي تتماهى مع الخيال ومع الأسطورة، موضحاً أن الحياة تحمل في ذاتها حقيقتها البدهية، والتي نحاول عبثاً تهريبها إلى الأسطورة، مصبغين عليها صفات زائفة، ليخبرنا بأن الحياة ليست سوى «أم المخيلة النازفة» مبدداً تلك الحدود بين الواقعي والتخييلي، فلا حقيقة إلا حقيقة واحدة تلبس فيها الحياة أسطورتها، وتتماهى مع خيالها، وكل سعي للوصول إليها خارج هذا النطاق، مجرد وهم وفكر زائف:

«إنَّ الحياةَ بديهيَّةٌ... فلماذا

نفسِّرها بالأساطير؟ إنَّ الحياة حقيقيَّةٌ

والصفاتِ هِيَ الزائفةُ

[...]

على قَدْر حُلْمكَ تَتَسع الأرضُ.

والأرضُ أمّ المخيّلة النازفةُ» [93].

وهكذا يوحِّد درويش بين الواقع والخيال؛ حيث تغدو الأسطورة هي الحقيقة ذاتها، فعلى أرضها تنمو حبكتها، وكلما وجدت واقعاً لا يلائمها غيّرته ليأخذ شكل حقيقتها الخيالية، فيصعب بذلك فصل الحقيقة عن أسطورتها، والأسطورة عن الحقيقة، هذه الحقيقة التي شبهها الشاعر بالحسناء الجميلة، وبـ«جارية النص البيضاء»، قال درويش في قصيدة «حالة حصار»:

140

«الأساطير ترفض تعديل حبكتها

ربما مسّها خلل طارئ

ربما جنحت سفن نحو يابسة

غير مأهولة،

فأصيب الخيالي بالواقعي...

ولكنها لا تغير حبكتها.

كلّما وجدت واقعاً لا يلائمها

عدّلته بجرّافة،

فالحقيقة جارية النص، حسناء

بيضاء، من غير سوء... » [94].

وحين تتأكد هذه الصورة العميقة للواقع، لا يتردد أدونيس، في أن يجعل الأصل هو ذاك الجمالي الخيالي البدهي الذي ينصهر في كينونة الموجودات، ويجعل ما نسميه واقعاً، عنصراً طارئاً يتدخل ليشوه حقيقة الأشياء وجوهرها الجميل، فالواقع مثل جرافة تعبث بعفوية المكان، لتجعله على مقاس جنود يشيعون القتل في الأرض ويشوهون حقيقتها الجميلة.

ومن هنا تنقلب المعادلة، وفق نظرية محاكاة شعرية جديدة، هي من ابتكار الشاعر ومن وحي تجربته الوجودية، فليس الخيال هو الذي

يروض الواقع والأسطورة؛ بل الواقع هو الذي يروض الأسطورة والخيال، ويشوههما ليجعلهما على صورته القاتمة القبيحة، الخيال هو الأصل، والواقع طارئ عليه، ذلكم ما جسّده درويش بعبقرية وعمق في قوله:

«أقول له من هو؟

يقولُ صدى من بعيد: هو الواقعيُّ

هنا: صوتُ أقدارنا هو. سائقُ

جرّافة عدلت عفوية هذا المكان،

وقصَّت جدائل زيتوننا لتناسب قصة

شَعر الجنود، وتفتح شِعباً لبغل

نبي قديم. هو الواقعيُّ، مروِّضُ

أسطورة »[95] .

3 - شاعرية الإيقاع (كلام الماء):

ينطلق غاستون باشلار، من عبارة الشاعر الفرنسي بول ريكور:

«أمسك بموجة النهر مثل قيتارة».

ليخبرنا عن نقل الشعراء لكلام الماء وإيقاعه من النهر إلى الشعر، وعن «الماء سيد اللغة السائلة، اللغة المتواصلة، اللغة غير المتعثرة،

اللغة التي تجعل الإيقاع مناسباً»[96]، وليحدثنا عن «الصوائت السائلة»، وعن: «نزعة استخدام السوائل لمنع تراكم الأصوات الأخرى وتصادمها... فاللغة تريد أن تسيل، وهي تسيل ببساطة، أما انتفاضتها ووعورتها، وصلابتها، فهي محاولات أكثر افتعالاً، وأصعب على أن تُطَبَّع»[97].

ما أشبه هذا الحديث عن الانسياب الإيقاعي بحديث حازم القرطاجني عن الاسترسال في الإيقاع، الذي تخلقه الأوزان الشعرية، والتي قسمها من حيث توالي الحركات والسكنات بناء على صفتيْ السباطة والجعودة[98]؛ «فما ائتلف من أجزاء تكثر فيها السواكن فإن فيه كزازة وتوعُّراً، وما ائتلف من أجزاء تكثر فيها المتحركات، فإن فيه لدونة وسباطة»[99].

هكذا يحدثنا درويش عن إيقاع شعره من خلال صوت ماء النهر، واندفاعه الإيقاعي، كما يجعله متولداً عن انصهار القافية في صوت البرق المبشر بهطول الماء، فلا يسع الشاعر لكي يستكمل ذاته الشعرية، إلا أن يكون بدوره نهراً، أو أن يكون له إيقاع النهر، ليكون جديراً بنيل حبيبته، التي لا تحبه إلا باعتباره شاعراً متوحداً في النهر وإيقاعه، قال درويش في قصيدة بعنوان: «هي لا تحبك أنت»:

«هي لا تحبُّكَ أنتَ

يعجبُها مجازُكَ

أنتَ شاعرُها...**

يُعجبُها اندفاعُ النهر في الإيقاعِ**

كن نهراً لتعجبها!

ويعجبُها جِماعُ البرق والأصوات

قافيةً»(100).

ولا غرابة أن يكون الإيقاع صوتاً مائياً، ما دامت كيمياء الشعر، عند درويش، بدورها – كما رأينا من قبل – من أصول مائية.

ويعبر أدونيس عن التآلف الإيقاعي نفسه بين فعل الجريان المائي والإيقاع؛ حيث الإيقاع الشعري هو جريان الحلم والموت في الأشياء وفي الكلمات؛ وحيث الماء هو الذي يصنع إيقاع القصيدة وموسيقاها المزلزلة:

«حلمٌ، –

موتٌ

يجري في الأشياء، وفي الكلمات

يُزلزلُ موسيقاها –

يوغل في الإيقاعِ

ويشطحُ في طبقات الصوتُ»(101).

ومن هنا تسقط فكرة أن الإيقاع يرتبط فقط باللغة، وبالوزن، ذلك ما عبّر عنه أدونيس، في شكل حوار بين النقاد والشعراء، يدور حول سؤال إشكالي «كيف يكون الوزن، وكيف يكون النثر؟»، وإذ يبني

النقاد تمييزهم على أساس اللغة، فإنهم يبيعون الشعراء ألقاباً زائفة؛ إذ ليس الوزن ما يجعل الشعر شعراً، والشاعر شاعراً. وكل من يؤمن بهذه الفكرة فكأنه يحيا في تابوت، يحيا أسير شعر ميت يفتقد إلى ذلك العمق الذي يشكل جوهر الإيقاع الشعري:

«جاء الناقد يسأل: كيف يكون الوزن، وكيف يكون

النثر؟ ويحيا

من بيع الألقاب إلى شعراءٍ،

يسأل كلٌّ منهم: كيف يكون الوزن، وكيف يكون

النثر، ويحيا في تابوتٍ...؟ » [102] .

وكأن أدونيس هنا يتبنى رأي أرسطو الذي جعل المحاكاة أساس الشعر وليس الوزن، لأن الشعر الذي يعتمد الوزن بدون محاكاة مجرد نظم بلا روح، و«من ينظم نظرية في الطب أو الطبيعة يُسمى عادة شاعراً: ورغم ذلك فلا وجه للمقارنة بين هوميروس وأنباذوقليس إلا في الوزن ولهذا يخلق بنا أن نسمي أحدهما (هوميروس) شاعراً، والآخر طبيعياً أولى منه شاعراً» [103] .

وعلى غرار أدونيس يخبرنا درويش، بأن الإيقاع يبدأ من أصغر الأشياء، قبل أن يتولد في أفكار، من علاقة حميمية بين جسدين، في رمزية إلى انصهار الشاعر في الموجودات التي تسكنه، والتي يتردد بها إيقاع شعره، قال:

«مِنْ أصغر الأشياءِ تُولَدُ أكبرُ الأفكار

والإيقاعُ لا يأتي من الكلمات،

بل مِنْ وحدة الجَسَدَيْنِ.... »⁽¹⁰⁴⁾ .

وإذا كانت إشكالية العلاقة بين الموسيقى والمعنى، ظلت إشكالية عويصة، في نقد الشعر العربي، كما ظلت نظرية الفلاسفة وحازم القرطاجني في البحث عن علاقات المعاني بالأوزان مجرد فكرة شاردة لم تجد من يتبناها⁽¹⁰⁵⁾، نظراً لصعوبة البرهنة عليها انطلاقاً من الواقع الشعري العربي؛ فإن درويش لا يتردد في تأكيد أن الإيقاع هو الذي يختاره، كما يختار أفكاره، لأنه ليس سوى رجع الكمان الذي يتردد في نفسه، ليس الإيقاع سوى صدى الأشياء التي ينطق بها الشاعر، ومن هنا يندمج المعنى الشعري في الإيقاع، كما يندمج الإيقاع في ذات الشاعر؛ حيث تتردد أصوات الأشياء وأصداؤها عازفة لحن ذاكرته وذكراه، قال درويش في قصيدة «جدارية»:

«يختارني الإيقاع، يشرُق بي

أنا رجع الكمان، ولست عازفَه

أنا في حضرة الذكرى

صدى الأشياء تنطقُ بي

فأنطق... »⁽¹⁰⁶⁾ .

ولعل هذه الإشراقات الشعرية التي ضمنها الشعراء المعاصرون قصائدهم، حول الإيقاع الذي ينبع من الذات وانفعالاتها وهي تصهر

الطبيعة ماء ونباتاً وناراً في عمق تصورها للشعر وماهيته، هو ما جعل بعض النقاد، يربطون الإيقاع بالعوامل النفسية للشعراء؛ حيث إن «البنية الإيقاعية ترتبط بحالة شعورية معينة لشاعر بذاته، فتعكس هذه الحالة»[107]. وإن كان هذا التصور النفسي للإيقاع، قد ظل بدوره على غرار علاقة الإيقاع بالمعنى فكرة ضبابية عائمة؛ حيث فضل جل النقاد التعامل مع الإيقاع، وزناً عروضياً خارجياً، أو إيقاعاً لغوياً داخلياً للتكرار والتوازي، تاركين للشعراء نظريتهم الخاصة، التي لا يمكن البرهنة عليها إلا على أرض شعرية يمكنها أن تتبرز تلك الحقيقة التي يؤمنون بها؛ حيث الإيقاع يأخذ صوت النهر وانسيابه، وأصوات الطبيعة وأسرارها.

الهوامش:

1 – باشـلار، غاسـتون الماء والأحلام. دراسـة عن الخيال والمادة، ترجمة: علي نجيب إبراهيم، المنظمة العربية للترجمة، بيروت، ط1، 2007، ص 16.

2 – نفسه، ص 14 – 15.

3 – أدونيـس، الثابـت والمتحول، بحث في الاتباع والإبـداع عند العرب، الجزء 3 – دار العودة، بيروت، ط1، 1978، ص 314 – 315.

4 – أمبرتو، إيكو آليات الكتابة السـردية، ترجمة وتقديم سعيد بنكراد، دار الحوار للنشر والتوزيع، سوريا، اللاذقية، ط1، 2009، ص 9.

5 – درويش، محمود جدارية، ص 449 – 456.

6 – Comte – Sponville André, Dictionnaire Philosophique, Quadrige, Presses Universitaires de France, Paris, 4° édition, 2001, p, 647.

7 – تعكس قصـة عشـتار وتموز البابلية، نسقاً متكرراً نجد له مقابلات في مختلف الحضـارات. وقـد عرفت عنـد قدماء المصرييـن بقصة (إيزيـس وأوزيريس)، ومضمـون هذه القصة البابلية، أن تموز صرعه خنزير بري، وهو يموت في كل عام، هابطاً إلى العالم السفلي المظلم، وتحكي الأسطورة كيف تبعث عشتار برفقة تموز مرة إثر مرة كل شتاء، لتبعث الحياة في كل عام.

(فتوح، محمد أحمد، الرمز والرمزية في الشعر العربي الحديث، ص 298).

8 – يمكن اختزال أسطورة بروميثيوسـن اليونانية في سـرقته لنار الحكمة من خزانـة كبير الآلهة «جوبيتيـر»، وتوزيعها على الضعفاء، مـن أبناء أثينا، الذين كانوا يعانون تسلط «جوبيتير» وقد كان جزاء برومثيوس هو تكبيله على صخرة صماء، وأمر نسر بنبش كبده حياً، ولكن النار ظلت مشتعلة، بحيث لا يمكن لأحد إطفاؤها، ومن هنا رمز بروميثيوس للتضحية والاستشهاد من أجل الآخرين.

(يرجــع إلــى كتاب: عبـد الله راجع القصيـدة المغربيـة المعاصرة بنية الشـهادة والاستشهاد، الجزء الأول، منشورات عيون المقالات، الدار البيضاء، ط1، 1987، ص 290 – 292).

9 – تحكي الأسـطورة لـدى الإغريق كما لدى الفرس، انبعـاث طائر الفينيق من رماده، مجسّدة فكرة البعث بعد الموت.

10 – العمري، محمد البلاغة الجديدة بين التخييل والتداول، إفريقيا الشـرق، الدار البيضاء، 2005، ص 184.

11 – درويش، محمود كزهر اللوز، أو أبعد...، ص 209.

12 – أدونيس، الكتاب أمس المكان الآن، ج 3/ ص 198.

13 – أدونيس، الكتاب أمس المكان الآن، ج 3/ ص 149.

14 نفسه، ج 1/ ص 194.

15 – من الأمثلة الشعرية التي يمكن استحضارها لهذا الانتقال الفاصل بين الغزل والمديح، قول امرئ القيس:

«فدع ذا وسلّ الهم عنك بجسرة ذمولٍ إذا صام النهارُ وهجَّرا».

(ديـوان امـرئ القيس، تحقيق: محمد أبو الفضل إبراهيـم، دار المعارف، مصر، 1984، ص 63).

16 – درويش، محمود كزهر اللوز أو أبعد...، ص 306 – 312.

17 – أدونيس، كتاب المطابقات والأوائل ضمن: الأعمال الشعرية (1)، منشورات دار المدى للثقافة والنشر، دمشق – بيروت، 1996، ص 503.

18 – مولينـو جان، الأنطولوجيا الطبيعية والشـعر، ترجمة محمد حرصي، مجلة البلاغة وتحليل الخطاب، بني ملال، المغرب، العدد 11، 2017، ص 72.

19 – أدونيس، الكتاب أمس المكان الآن، ج 2/ ص 476.

20 – أولمــان، سـتيفين الصـورة في الروايـة، ترجمة رضـوان العيادي ومحمد مشبال، رؤية للنشر والتوزيع، القاهرة، ط1، 2016، ص: 202.

21 – Zoltán Kövecses, Metaphor and Emotion, In The Cambridge Handbook of Metaphor and Thought, Edited by W Gibbs, JR Cambridge University Press, 2008, p. 381.

22 – لايكوف، جورج ومارك، جونسون. الفلسفة في الجسد. ص: 122.

23 – فرايزر، جيمس جورج، الغصن الذهبي دراسة في السحر والدين، ترجمة: نايف خوص، دار الفرقد، دمشق، سوريا، 2014، ص 715 – 814.

24 – نفسه، ص 815.

25 – ريكور، بول، الاستعارة الحية، ص 449.

26 – كوهن جان، بنية اللغة الشعرية، ص 196 – 197.

27 – أدونيس، ديوان هذا هو اسمي وقصائد أخرى، ضمن الأعمال الشعرية (2)، منشورات دار المدى للثقافة والنشر، دمشق – بيروت، 1996، ص 3412 – 413.

28 – أدونيس، الكتاب أمس المكان الآن، ج 2/ ص 401.

29 – نفسه، ج 3/ ص 198.

30 – أدونيس، كتاب الحصار، ضمن: الأعمال الشعرية، منشورات دار المدى للثقافة والنشر، دمشق – بيروت، 1996، ج 1/ ص 558.

31 – أدونيس، الكتاب أمس المكان الآن، ج1/ ص 127.

32 – نفسه، ج2، ص 89.

33 – نفسه، ج1، ص 76.

34 – صور أدونيس هذا الالتباس الناجم عن اختلاط النور بالظلمة قائلاً:

«عبثاً أقرأ الظلامْ/ عبثاً أقرأ الضوء، لا شيء غيرُ الخليطِ / المقنَّع فيه/ يتراءى الظلام ضياء/ والضياء ظلاماً/أتراه السراب؟ ولا شيء غيرُ التحير فيه، /وغيرُ التنبُّوِ / لا شيء غيرُ الكلامْ». (نفسه، ص 163)

35 – نفسه، ج 2/ ص 515.

36 – نفسه، ص 220.

37 – نفسه، ص 417.

38 – الجرجاني، عبد القاهر أسرار البلاغة، ص 65.

39 – نحيل هنا، نظراً لضيق المقام، على الصفحات الآتية من كتاب أسرار البلاغة، والتي تستحق وحدها دراسة خاصة لكشف شاعرية استعارات الشمس والضوء في الشعر العربي القديم، وهذه الصفحات هي: (139 –و 157 – 159،

151

و 170 – 177، و 180 – 181. و 193 – 199. و 201. و 208 – 210. و 213 – 215.
و 220 – 231. و 255 – 257. 277 – 278. 303 – 319. 346 – 349).

40 – الجرجاني، عبد القاهر أسرار البلاغة، ص 136 – 137.

41 – درويش، محمود كزهر اللوز، أو أبعد...، ص 308.

42 – كوهن، جان الكلام السامي، ص 235 – 236.

43 – نفسه، ص 272 – 273.

44 – أدونيس، الكتاب أمس المكان الآن، ج3 / ص 126.

45 – درويش، محمود لا تعتذر عمّا فعلت، ص 23.

46 – درويش، محمود لماذا تركت الحصان وحيداً، ص 279.

47 – درويش، محمود لا تعتذر عمّا فعلت، ص 83.

48 – درويش، محمود كزهر اللوز، أو أبعد...، ص 252.

49 أدونيس، الكتاب أمس المكان الآن، ج1 / ص 127.

50 – أدونيس، الكتاب أمس المكان الآن، ج1/ ص 197.

51 – نفسه، ج 2/ ص 17.

52 – درويش، محمود سرير الغريبة، الأعمال الجديدة الكاملة، منشورات رياض
الريس، بيروت، لبنان، ط1، 2009، ج2 / ص 14.

53 – أدونيس، الكتاب أمس المكان الآن، ج2 / ص 108.

54 – نفسه ج 1/ ص 232.

55 – درويش، محمود لا تعتذر عمّا فعلت، الأعمال الجديدة الكاملة، الجزء الأول،
منشورات رياض الريس، بيروت، لبنان، ط1، 2009، ص 45 – 46.

56 – هذا ما صوره درويش قائلاً: «من سماء إلى أختها يعبر الحالمون/ حاملين
مرايا من الماء حاشيةٍ للفراشة». (محمود درويش، لماذا تركت الحصان وحيداً،
ص 373).

57 – أدونيس، الأعمال الشعرية، المسرح والمرايا، ص 337.

58 – باشلار، غاستون الماء والأحلام، ص 157

59 – درويش، محمود لا تعتذر عمّا فعلت، ص 94 – 96.

60 – أدونيس، المسرح والمرايا، ص 337 – 338.

61 – باشلار، غاستون، الماء والأحلام، ص 19.

62 – أدونيس، الكتاب أمس المكان الآن، ج1 / ص23.

63 – درويش، محمود لا تعتذر عمّا فعلت، ص 37.

64 – درويش، محمود لماذا تركت الحصان وحيداً، ص 141.

65 – درويش، محمود لا تعتذر عمّا فعلت، ص 105.

66 – درويش، محمود كزهر اللوز، أو أبعد...، ص 197 – 201.

67 – أدونيس، الكتاب أمس المكان الآن، ج1 / ص 110.

68 – باشلار، غاستون، الماء والأحلام، ص 86.

69 – أدونيس، هذا هو اسمي وقصائد أخرى، ص 395

70 – أدونيس، الأعمال الشعرية (1)، كتاب المطابقات والأوائل، ص 505.

71 – درويش، محمود لماذا تركت الحصان وحيداً، ص 101 – 102.

72 – أدونيس، الكتاب أمس المكان الآن، ج 3 / ص 244.

73 – نفسه، ص 195.

74 – درويش، محمود لماذا تركت الحصان وحيداً، ص 426.

75 – أدونيس، هذا هو اسمي وقصائد أخرى، ص 412 – 413.

76 – درويش، محمود لماذا تركت الحصان وحيداً، ص 31 – 32.

77 – درويش، محمود كزهر اللوز، أو أبعد...، ص 257 – 258.

78 – نفسه، ص 266.

79 – أدونيس، الكتاب أمس المكّان الآن، ج 2/ ص 639.

80 – أدونيس، كتاب الحصار، ص 464 – 465.

81 – درويش، محمود كزهر اللوز، أو أبعد...، ص 346.

82 – كوهن، جان الكلام السامي ص 246.

83 – درويش، محمود كزهر اللوز، أو أبعد...، ص 282 – 301.

84 – نفسه، ص 346 – 348.

85 – نفسه، ص 332.

86 – طاليس، أرسطو فن الشعر، ص 20 – 21.

87 – درويش محمود، جدارية، ص 513.

88 – أدونيس، الكتاب أمس المكان الآن، ج 2/ ص 609.

89 – نفسه، ج 2/ص 601.

90 – ينظـر إلـى القصيدة كاملـة: أدونيس، الكتاب أمس المـكان الآن، ج 2/ ص 587 – 613.

91 – نفسه، ص 587 – 613.

92 – محمود درويش، لماذا تركت الحصان وحيداً، ص 139 – 140.

93 – نفسه، ص 145 – 151.

94 – محمود درويش، لماذا تركت الحصان وحيداً، ص 240.

95 – محمود درويش، كزهر اللوز، أو أبعد...، ص 317 – 319.

96 – باشلار، غاستون الماء والأحلام، ص 265 – 266.

97 – نفسه، ص 266.

98 – حازم القرطاجني، منهاج البلغاء وسراج الأدباء، ص 260.

99 – نفسه، ص 267.

100 – درويش محمود، كزهر اللوز، أو أبعد...، ص 241 – 242.

101 – أدونيس، الكتاب أمس المكان الآن، ج 1 / ص 232.

102 – أدونيس، هذا هو اسمي وقصائد أخرى، ص 264.

103 – أرسطو، فن الشعر، ص 6.

104 – محمود درويش، جدارية، ص 469.

105 – ربط حازم القرطاجني، أوزان الشـعر ومعانيه، فأثبت بأن «للمديد رقة وليناً مع رشاقة، وللرمل ليناً وسهولة. ولما في المديد والرمل من اللين كانا أليق بالرثاء وما جرى مجراه منهما بغير ذلك من أغراض الشعر...إلخ» (منهاج البلغاء، ص 269.).

106 – درويش، محمود لا تعتذر عمّا فعلت، ص 19.

107 – عز الدين إسماعيل، الشعر العربي المعاصر، ص 64.

خاتمة

ختاماً نشير إلى أن حيز هذه الدراسة لم يسعفنا للحديث عن كل الكتب النقدية التي قاربت القصيدة العربية المعاصرة، فاكتفينا بما رأيناه ممثلاً لها على مستوى مختلف الأنساق التخييلية التي وقفنا عندها، كما لم يسعفنا التركيز على التخييل، في بسط بعض الأنساق الشعرية الأخرى من قبيل الأنساق الثقافية، التي بدأت تتبلور في الآونة الأخيرة في النقد الشعري العربي[*]، مستلهمة التطور الذي عرفته الدراسات الثقافية في العالم الغربي.

حاولت هذه الدراسة رصد الحركية النقدية العربية، التي واكبت تجارب الشعراء المعاصرين، منذ ظهور قصيدة التفعيلة إلى اليوم، شاملة مختلف التجارب الشعرية العربية، متسلحة بالمناهج الجديدة والشعريات المعاصرة، مما ساعدها على تطوير أدواتها النقدية، وتكوين رؤى جديدة عن مكونات القصيدة: لغةً، وإيقاعاً، وصورةً،

---

* نحيل هنا على سبيل المثال، على كتاب: رائد ثنيان الصبح، كسـر المحرم في الشـعر العربي المعاصر، المركز الثقافي للكتاب، الدار البيضاء – بيروت، ط1، 2021.

وأسطورة..؛ وذلك وفق جدلية يتجاذبها خطاب النقد وخطاب الشعر، ويوجهها خطاب التخييل منصهراً برؤية نسقية، تتفاوت درجات تحققها حسب دائرة المتن الذي تتحرك فيه، فتتسع باتساعه وتتقلص بتقلصه، ليبقى الطموح إلى تأسيس رؤية نسقية تتجاوز القصيدة والديوان الواحد مشروعاً، وهو ما حققته جزئياً بعض الدراسات النقدية التي وقفنا عندها. وما حاولنا بسطه في الفصل الثاني حين كشفنا عن استعارات نسقية في دواوين محمود درويش وأدونيس، ولم يسعفنا الحيز والمقام لتوسيع دائرة المتن إلى دواوين شعراء آخرين.

أفق هذه الدراسة هو تطوير البحث في أنساق الشعر العربي المعاصر، بحث تتبنى فيه الأنساق على استقصاء تجارب عربية متنوعة، تنطلق من المنجز النقدي، وتتجاوزه إلى تشييد استعارات نسقية، وإيقاع نسقي، وتركيب لغوي نسقي..؛ وذلك في أفق تكوين رؤية نقدية عربية موحدة، يمكن أن تكون مجالاً لتطوير خطاب الفكر، وخطاب النقد، وخطاب الشعر.

قائمة المصادر والمراجع

*** أولاً: المراجع والمصادر العربية والمعربة:**

– أبو ديب، كمال، في البنية الإيقاعية للشعر العربي، نحو بديل جذري لعروض الخليل، ومقدمة في علم الإيقاع المقارن، دار العلم للملايين، ط1، بيروت، 1974.

– أبو غالي مختار علي، المدينة في الشعر العربي المعاصر، سلسلة عالم المعرفة، المجلس الوطني للثقافة، والفنون والآداب، الكويت، عدد 196، إبريل، 1995.

– عباس، إحسان اتجاهات، الشعر العربي المعاصر، سلسلة عالم المعرفة، العدد2، المجلس الوطني للثقافة والفنون والآداب، الكويت، فبراير 1978.

– أديب، هند، شعرية سعيد عقل، دار الفارابي، بيروت، لبنان، ط1، 2010.

– أدونيس (علي أحمد سعيد):

أ – أغاني مهيار الدمشقي، ضمن: الأعمال الشعرية (1)، منشورات دار المدى للثقافة والنشر، دمشق – بيروت 1996.

ب – الثابت والمتحول، الجزء 3، بحث في الاتباع والإبداع عند العرب، دار العودة بيروت، ط1، 1978.

ج – الكتاب أمس المكان الآن، مخطوطة تنسب إلى المتنبي يحققها وينشرها أدونيس، (ثلاثة أجزاء)، دار الساقي، بيروت، لبنان، ط1، 1995.

د – كتاب الحصار، ضمن: الأعمال الشعرية (1)، منشورات دار المدى للثقافة والنشر، دمشق – بيروت، 1996.

هـ – كتاب المطابقات والأوائل ضمن: الأعمال الشعرية (1)، منشورات دار المدى للثقافة والنشر، دمشق – بيروت، 1996.

و – مقدمة للشعر العربي، دار العودة بيروت، ط 3، 1979.

ز – المسرح والمرايا، ضمن: الأعمال الشعرية (1)، منشورات دار المدى للثقافة والنشر، دمشق – بيروت، 1996.

ح – هذا هو اسمي وقصائد أخرى، ضمن: الأعمال الشعرية (2)، منشورات دار المدى للثقافة والنشر، دمشق – بيروت، 1996.

* طاليس، أرسطو فن الشعر، ترجمة عبد الرحمن بدوي، دار الثقافة، بيروت، لبنان، ط2، 1973.

* أنيس إبراهيم:

أ – الأصوات اللغوية، مكتبة الأنجلو المصرية، ط5، 1975.

ب – موسيقى الشعر، مكتبة الأنجلو المصرية، ط2، 1952.

– ورتشاردز، أوغدن معنى المعنى. دراسة لأثر اللغة في الفكر ولعلم الرمزية، ترجمة: كيان أحمد حازم يحيى، دار الكتاب الجديد المتحدة، بيروت، 2015.

– أولمان ستيفن. الصورة في الرواية، ترجمة رضوان العيادي ومحمد مشبال، رؤية للنشر والتوزيع، القاهرة، ط1، 2016.

– إيكو، أمبرتو، آليات الكتابة السردية. ترجمة وتقديم سعيد بنكراد، دار الحوار للنشر والتوزيع. اللاذقية، سوريا، ط1، 2009.

– بارت، رولان، البلاغة القديمة، ترجمة وتقديم: عبد الكبير الشرقاوي، نشر الفنك، مطبعة النجاح الجديدة، الدار البيضاء، 1994م.

– باشلار غاستون، الماء والأحلام. دراسة عن الخيال والمادة، ترجمة: علي نجيب إبراهيم، المنظمة العربية للترجمة، بيروت، ط1، 2007.

* بنحيدا رجاء، شعرية الإيقاع من تشكيل الدلالي إلى موسيقى البصري، مركز ابن غازي للأبحاث والدراسات الاستراتيجية، عالم الكتب الحديث، الأردن، ط 1، 2020.

* بنيس، محمد، الشعر العربي الحديث بنياته وإبدالاتها، الجزء الثالث، الشعر المعاصر، دار توبقال للنشر، الدار البيضاء، ط2، 2001.

– الجاحظ (أبو عثمان عمرو بن بحر)، كتاب الحيوان، تحقيق: عبد السلام محمد هارون، شركة مكتبة ومطبعة مصطفى البابي الحلبي وأولاده بمصر، ط2، 1384 هـ، 1965.

– الجرجاني عبد القاهر:

أ – أسرار البلاغة، تحقيق شاكر، محمود محمد ، دار المدني، جدة، 1991.

ب – دلائل الإعجاز، تحقيق شاكر، محمود محمد، مكتبة الخانجي، القاهرة، بدون تاريخ.

– حجازي أحمد عبد المعطي، قصيدة النثر أو القصيدة الخرساء، ضمن: كتاب مجلة دبي الثقافية، نوفمبر، 2008.

– الحراصي، جمال، الاستعارات المعرفية. دراسة في قصيدة التفعيلة العُمانية، الجمعية العُمانية للكتاب والأدباء، مسقط، سلطنة عُمان، ط1، 2021.

– الحراصي، عبد الله دراسات في الاستعارة المفهومية، مؤسسة عُمان للصحافة والأنباء والنشر والإعلان، الإصدار الثالث، مسقط، إبريل، 2002.

– حلاوي، يوسف، الأسطورة في الشعر العربي المعاصر، دار الآداب، بيروت، ط1، 1994.

– حماسة، محمد عبد اللطيف، ظواهر نحوية في الشعر الحر (دراسة نصية في شعر صلاح عبد الصبور)، دار غريب للطباعة والنشر والتوزيع، القاهرة، 2001.

– الحنصالي، سعيد، الاستعارات والشعر العربي الحديث، دار توبقال للنشر، الدار البيضاء، ط1، 2005

– سعيد، خالدة حركية الإبداع، دراسات في الأدب العربي الحديث، دار العودة، بيروت، ط1، 1979.

– خير بك، كمال، حركة الحداثة في الشعر العربي المعاصر، المشرق للطباعة والتوزيع، ط1، 1982.

– داود، أنس، الأسطورة في الشعر العربي الحديث، مكتبة عين شمس، القاهرة، 1975.

– درويش ، محمود:

أ – أحد عشر كوكباً، دار توبقال للنشر، الدار البيضاء، ط1، 1990.

ب – جدارية ضمن، لأعمال الجديدة الكاملة، الجزء الأول، منشورات رياض الريس، بيروت، لبنان، ط1، 2009.

ج – سرير الغريبة، الأعمال الجديدة الكاملة، الجزء الثاني، منشورات رياض الريس، بيروت، لبنان، ط1، 2009.

د ـ كز هـر اللوز، أو أبعد... الأعمال الجديدة الكاملة، الجزء الثاني، منشورات رياض الريس، بيروت، لبنان، ط1، 2009.

هـ ـ لا تعتـذر عمّا فعلـت، الأعمال الجديـدة الكاملة، الجزء الأول، منشـورات رياض الريس، بيروت، لبنان، ط1، 2009.

و ـ لماذا تركت الحصان وحيداً، الأعمال الجديدة الكاملة، الجزء الأول، منشورات رياض الريس، بيروت، لبنان، ط1، 2009.

ـ دي بوجرانـد روبـرت، النص والخطاب والإجراء، ترجمة تمام حسـان، عالم الكتب، القاهرة، ط1، 1998 م.

ـ راجع عبد الله، القصيدة المغربية المعاصرة بنية الشـهادة والاستشـهاد، الجزء الأول، منشورات عيون المقالات، الدار البيضاء، ط1، 1987.

ـ ابن رشد أبو الوليد، تلخيص كتاب طاليس، أرسطو في الشعر، ضمن فن الشعر لطاليس، أرسطو ترجمة: عبد الرحمن بدوي، ط2، دار الثقافة، بيروت، 1973.

ـ رتشاردز إيفور آرمسترونغ:

أ ـ فلسـفة البلاغة، ترجمة: سـعيد الغانمي وناصر حلاوي، إفريقيا الشرق، الدار البيضاء ـ بيروت. 2002.

ب ـ مبادئ النقد الأدبي، والعلم والشعر، ترجمة: مصطفى بدوي، المجلس الأعلى للثقافة، المشروع القومس للترجمة (416)، القاهرة، 2005.

ـ ريفاتير ميكائيل، معايير تحليل الأسـلوب، ترجمة: لحمداني حميد، منشـورات دراسات (سال)، دار النجاح الجديدة، الدار البيضاء، ط1، 1993.

ـ ريكور، بول الاستعارة الحية، ترجمة: الولي، محمد دار الكتاب الجديد المتحدة، بيروت، ط، 2016.

ـ سامي، نصر، الجسد في شعر محمود درويش الأيروس والتاناتوس، دار كنوز المعرفة للنشر والتوزيع، عمّان، الأردن، ط1، 2015

ـ ابن سينا أبو علي الحسين بن عبد الله:

أ ـ فن الشـعر من كتاب الشـفاء، ضمن: فن الشـعر لطاليس، أرسطو تحقيق عبد الرحمن بدوي، ط2، دار الثقافة، بيروت، 1973.

ب ـ ـ كتاب النجاة في الحكمة المنطقية والطبيعية والإلهية، نقحه وقدم له: ماجد فخري، دار الآفاق الجديدة، بيروت، بدون تاريخ.

- شـكري، محمد عياد، موسـيقى الشعر العربي، (مشـروع دراسة علمية)، دار المعرفة، القاهرة، ط2، 1978.

- شـــربل، داغر، الشعرية العربية الحديثة. تحليل نصي، دار توبقال للنشر، الدار البيضاء، ط1، 1988.

- الصبح، رائد ثنيان، كسـر المحرم في الشعر العربي المعاصر، المركز الثقافي للكتاب، الدار البيضاء – بيروت، ط1، 2021

* العامـري، ياسـر فضل صالح، قصيدة النثر شـعريتها وتحولاتهـا الفنية، نور حوران للدراسات والنشر والتراث، دمشق – سوريا، ط1، 2020.

- عز الدين، إسماعيل، الشعر العربي المعاصر قضاياه وظواهره الفنية والمعنوية، دار الفكر العربي، ط3، 1966.

- عصفور جابر، مفهوم الشعر دراسة في التراث النقدي، الهيئة المصرية العامة للكتاب، ط5، 1995.

- علي، عبد الرضا الأسطورة في شعر السيّاب، وزارة الثقافة والفنون، سلسلة دراسات (147)، الجمهورية العراقية، 1978.

- عشري، علي زايد، استدعاء الشخصيات التراثية في الشعر العربي المعاصر، دار الفكر العربي القاهرة، 1997.

- العطية، خليل إبراهيم، التركيب اللغوي لشـعر السـياب، دار المعارف للطباعة والنشر، سوسة، تونس، ط 2، 1999.

- عقل، سـعيد، شعره والنثر، المجلد الثاني، ديوان رندلى، دار نوبليس، بيروت، لبنان، ط5، 1991.

- العـلاق، علي جعفر، في حداثة النص الشـعري. دراسـة نقديـة، وزارة الثقافة والإعلام، دار الشؤون الثقافية العامة، بغداد، 1990.

- العمري، محمد:

أ – البلاغة الجديدة بين التخييل والتداول، إفريقيا الشرق، الدار البيضاء، 2005.

ب – البلاغة العربية أصولها وامتداداتها، إفريقيا الشرق، الدار البيضاء، المغرب، ط2، 2010م،

ب – تحليـل الخطـاب الشـعري، البنيـة الصوتية في الشـعر (الكثافة. الفضاء. التفاعل)، الدار العالمية للكتاب، الدار البيضاء، ط1، 1990.

– الغرفي، حسن:

أ – التشكيل الإيقاعي في شعر محمود درويش، البدوي للنشر والتوزيع، تونس، ط1، 2015.

ب – كتاب السيّاب النثري، مطابع دار الثورة للصحافة والنشر، بغداد، 1986.

– فتوح، محمد أحمد، الرمز والرمزية في الشعر المعاصر، دار المعارف، القاهرة، ط2، 1984.

– فرايزر جيمس جورج، الغصن الذهبي دراسة في السحر والدين، ترجمة: نايف خوص، دار الفرقد، دمشق، سوريا، 2014.

– القرطاجني، حازم أبو الحسن، منهاج البلغاء وسراج الأدباء، تقديم وتحقيق: محمد الحبيب ابن الخوجة، ط3، دار الغرب الإسلامي، بيروت، 1986.

– القط، عبد القادر، الاتجاه الوجداني في الشعر العربي المعاصر، مكتبة الشباب، القاهرة، 1988.

– كاسرر أرنست، مدخل إلى فلسفة الحضارة الإنسانية أو مقال في الإنسان، ترجمة: عباس، إحسان دار الأندلس، بيروت – نيويورك، 1961، ص 142.

– محمد، كنوني، شعرية القصيدة المعاصرة. دراسة أسلوبية، عالم الكتب الحديث، عمّان، الأردن، ط 1، 2010.

– كوهن، جان:

أ – بنية اللغة الشعرية، ترجمة: الولي، محمد والعمري، محمد دار توبقال للنشر، الدار البيضاء، المغرب، ط 2، 2014.

ب – الكلام السامي نظرية في الشعرية، ترجمة وتقديم وتعليق: الولي، محمد دار الكتاب الجديد المتحدة، بيروت، لبنان، ط 1، 2013.

– لايكوف، جورج، ومارك جونسون، الفلسفة في الجسد، الذهن المتجسِّد وتحدِّيه للفكر الغربي، ترجمة: عبد المجيد جحفة، دار الكتاب الجديد المتحدة، بيروت، ط1، 2016.

– لحمداني، حميد، سحر الموضوع. عن النقد الموضوعاتي في الرواية والشعر، منشورات دراسات سميائية أدبية ولسانية (دراسات سال)، فاس، المغرب، ط 2، 1990.

ـ ليفين سمويل. ر، البنيات اللسانية في الشعر، ترجمة الولي، محمد والتوزاني، خالد، منشورات الحوار الأكاديمي، مطبعة فضالة، المغرب، 1989.

ـ المعداوي، أحمد أزمة الحداثة في الشعر العربي الحديث، منشورات دار الآفاق الجديدة، الرباط، المغرب، ط1، 1993.

ـ مفتاح، محمد:

أ ـ التشابه والاختلاف، نحو منهاجية شمولية، المركز الثقافي العربي، بيروت ـ الدار البيضاء، 1996.

ب ـ مجهول البيان، دار توبقال للنشر، الدار البيضاء، المغرب، ط1، 1990.

ج ـ مفاهيم موسعة لنظرية شعرية، اللغة ـ الموسيقى ـ الحركة، الجزء الأول: مبادئ ومسارات، المركز الثقافي العربي، الدار البيضاء/ بيروت، ط1، 2010.

د ـ مفاهيم موسعة لنظرية شعرية، اللغة ـ الموسيقى ـ الحركة، الجزء الثاني: نظريات وأنساق، المركز الثقافي العربي، الدار البيضاء/ بيروت، ط1، 2010.

ـ مولينو، جون. الأنطولوجيا الطبيعية والشعر، ترجمة محمد حرصي، مجلة البلاغة وتحليل الخطاب، بني ملال، المغرب، العدد 11، 2017.

ـ الملائكة، نازك:

أ ـ شظايا ورماد، ضمن: ديوان نازك الملائكة، المجلد الثاني، دار العودة، بيروت، 1977.

ب ـ قضايا الشعر المعاصر، دار العلم للملايين، بيروت، ط4، 1974.

ـ النويهي، محمد قضية الشعر الجديد، جامعة الدول العربية، معهد الدراسات العربية العالمية، 1964.

ـ ستائلي، هايمن النقد الأدبي ومدارسه الحديثة، ترجمة: عباس، إحسان ومحمد يوسف نجم، دار الثقافة، بيروت، 1985.

ـ الورقي، سعيد، لغة الشعر العربي الحديث، مقوماتها الفنية وطاقاتها الإبداعية، دار النهضة العربية، بيروت، ط3، 1984، ص 215 ـ 221.

ـ الولي، محمد:

أ ـ جولة في ضواحي الاستعارة الحية لريكور، بول ضمن: مجلة البلاغة وتحليل الخطاب، المغرب، العدد 11، 2017.

ب – الاستعارة في محطات يونانية وعربية وغربية، منشورات دار الأمان، الرباط، ط1، 2005.

ج – استعارات الفروسية لأحمد المجاطي، ضمن كتاب: الخطابة والحجاج، فالية للطباعة والنشر والتوزيع، بني ملال، المغرب، ط1، 2020.

د – الصورة الشعرية في الخطاب البلاغي والنقدي، المركز الثقافي العربي، بيروت/الدار البيضاء، المغرب، ط1، 2000

هـ – فضاءات الاستعارة وتشكلاتها، في الشعر والخطابة والعلم والفلسفة والتاريخ والسياسة، فالية للطباعة والنشر، بني ملال، المغرب، ط 1، 2020.

– وهابي، عبد الرحيم، القراءة العربية لكتاب فن الشعر لطاليس، أرسطو علم الكتب الحديث، الأردن، ط1، 2011

– اليافي، نعيم، تطور الصورة الفنية في الشعر العربي الحديث، صفحات للدراسات والنشر، دمشق، سوريا، ط1، 2008.

– ياكبسون، رومان، قضايا الشعرية، ترجمة: الولي، محمد ومبارك حنون، دار توبقال للنشر، الدار البيضاء، المغرب، ط1، 1988.

ثانياً: المصادر والمراجع بغير العربية:

– Aristote, La poétique, texte, Traduction et notes par Roslyne Dupond – Roc et Jean Lallot, Edition du seuil, Paris, 1980.

– Comte – Sponville André, Dictionnaire Philosophique, Quadrige, Presses Universitaires de France, Paris, 4° édition, 2001.

– David Alan Herzog, Webster's New Word, Essentiel Vocabulary, Wiley, Hobooken, NJ, Canada. 2009.

– johnson Mark. The Bodily in the Mind. The badly Basis of Meaning, imagination, and Reason. The university of Chicago Press. Chicago and London. 1992.

– Lakoff George and Mark Turner. More than Cool Reason: A Field Guide to Poetic Metaphor, Chicago, University of Chicago Press, 1989.

– Meschonnic Henri, Pour la Poétique I, Essai, Edition Gallimard, Paris, 1970.

– Molino Jean et Joelle Gardes – Tamine. Introduction à l'analyse de la poésie. I. Vers et Figures. Presses universitaires de France, Paris, 1987.

– Saussure de Ferdinand, Cours de Linguistique Générale, Publié par Charles Bally et Albert Sechehaye, Payot, Paris, 1971.

– Semino Elena and Gerard Steen, Metaphor in literature, The Cambridge Handbook of Metaphor and Thought, Edited by W. Gibbs, JR. Cambridge University Press, 2008

– Tzara Tristan, Le Surréalisme et l'après – guerre, Nagel, 1948.

– Varga. A. Kibédi, Les constantes du poéme. Analyse du langage poétique, édition A. et J. Picard, Paris, 1977.

– Zoltán Kövecses, Metaphor and Emotion, In The Cambridge Handbook of Metaphor and Thought, Edited by W Gibbs, JR Cambridge University Press, 2008.

الفهرس